本书受教育部人文社会科学重点研究基地重大项目"当代美国府会关系：总统单边政策工具研究"（项目号：12JJD810014）资助出版。

"21世纪的美国与世界"丛书（07）
Series on the United States and the World in the 21st Century

复旦大学美国研究中心
Center for American Studies, Fudan University

绕开国会
美国总统的单边行动工具

刘永涛 著

Bypassing Congress
U.S. Presidential Unilateral Executive Actions

复旦大学出版社

复旦大学美国研究中心
"21世纪的美国与世界"丛书

主编　吴心伯（复旦大学美国研究中心）

编委（以姓氏笔画为序）：
　　　　刘中民（上海外国语大学中东研究所）
　　　　宋国友（复旦大学美国研究中心）
　　　　陈东晓（上海国际问题研究院）
　　　　杨　毅（国防大学）
　　　　信　强（复旦大学美国研究中心）
　　　　徐以骅（复旦大学美国研究中心）
　　　　黄　平（中国社会科学院欧洲研究所）
　　　　黄仁伟（上海社会科学院）
　　　　崔立如（中国现代国际关系研究院）

PREFACE 丛书总序

复旦大学美国研究中心推出的"21世纪的美国与世界"丛书，旨在深入研究进入21世纪以来美国在政治、经济、社会、文化等方面的发展变化，美国在世界上的地位和影响力的变化，美国与世界关系的变化，以及这些变化所带来的复杂影响。

21世纪是世界加速变化的世纪，对于美国来说尤其如此。进入21世纪以来，美国政治极化的加剧使得美国政治机器的运行成本上升，效率下降，公众和精英对美国政治制度的信心大打折扣。一场突如其来的金融危机和经济危机使美国经济遭受了自20世纪30年代大萧条以来最严重的打击，经济复苏缓慢而乏力，就业形势空前严峻。贫富差距的增大、贫困人口数量的上升使得以中产阶级为主的社会结构面临巨大挑战，"茶党运动"和"占领华尔街运动"的兴起宣泄着来自左右两端的不满。美国向何处去?这是一个重大的问题,答案只能向未来寻找。

进入21世纪以来,美国在世界上的地位和影响力也在发生重要变化。在21世纪第一个十年里,美国占世界经济的比重从30%左右下降到20%左右,美国的国际经济优势在下降。阿富汗战争和伊拉克战争使美国在军事上付出了巨大代价,也削弱了美国的战略优势。中国、印度、巴西等新兴国家的快速崛起和俄罗斯的战略复兴,加速了国际政治格局的多极化趋势,美国在后冷战时代一度在国际事务中操控全球的好景不再。虽然在可预见的将来,美国仍将是世界综合实力最强的国家,但美国的优势地位和国际影响力都不可避免地逐步走低,在某些情况下甚至会加速下滑。可以肯定的是,21世纪美国在世界上的地位和影响力将远逊于它在20世纪创造的纪录。

就美国与世界的关系而言,奥巴马的执政意味着重要调整的开始。奥巴马总统不仅致力于结束旷日持久而代价高昂的伊拉克、阿富汗战争,而且要为美国介入世界事务制定新的准则。美国要更多地依赖外交等非军事手段处理外部挑战。要尽力避免在海外开展大规模的军事行动,除非面对的问题关系到美国的重要利益,并且这个问题是可以用军事手段解决的。美国的盟友应该加强自身力量,在处理它们面临的各种挑战中承担更大的责任。对于新兴大国,要更多地利用国际机制和国际规范来影响它们的行为。在很大程度上,奥巴马开启了美国的战略内向进程。这不仅是受两场不成功的战争的影响,而且也是基于对美国自身力量变化以及国际力量对比变化思考的结果。

美国的上述变化无论是对自身还是对世界都将产生重大影响。对中国的美国研究者来说,及时、深入和全面地研究这些变化,将使我们更好地把握美国以及世界的发展趋势;客观、准确地分析这些变化所产生的种种影响,有助于我们妥善应对外部环境的变化。在21世纪,中国的力量将进一步增长,国际影响力会大大提高,这是毋庸置疑的。但是在新的时代环境下,中国如何发展自己的力量?如何发挥国际影响力?对这些重大问题的思考需要我们拥有开阔的视野、远见和敏锐的思维,而深入、系统地研究21世纪的美国与世界将对此大有裨益。

复旦大学美国研究中心向来注重对当代美国政治、经济、社会以及对外关系的研究,一些研究成果得到国内外学术界的重视和好评。出版这套丛书,既反映了我们长期以来的学术关注,也是要为国内美国研究界提供一个展示和交流的平台,欢迎学界同仁积极为这个平台提供相关的优秀研究成果,共同推动对21世纪美国的深入研究。同时,也真诚地希望大家为这套丛书的成长献计献策。

吴心伯

2014年7月于复旦大学

前　言

这是一本关于美国总统避开国会而采取单边行动的书。

长期以来,研究美国总统权力的主流取向认为,行政部门的影响力取决于总统是否具备"讨价还价"和"劝说"的能力,其考察重点是总统对立法过程的影响,关注总统如何利用谈判、妥协及说服等手段寻求与国会合作,以实现自己的政治及政策目标。不过,自"越战"和"水门事件"起,国会对总统行政权力的膨胀日趋不满,不断挑战总统对政治议程及公共政策的控制,而总统方面也日趋试图避开国会的监督和制约。在美国国内政治极化不断加剧的今天,这种情形变得愈加突出。

一个重要却经常被忽视的问题是,总统如何避开来自国会的监督和制约,总统"行政特权"在法律上引起怎样的争议。一种新的研究取向认为,有必要把重点转向考察总统如何利用单边行动施展行政权力,从而跳出拘泥于关注总统"政策倡议"和"否决议案"的研究模式。事实上,美国总统经常利用单边行动来保护总统的特权,或者给行政部门拟定规章,有时甚至单方面影响国家政策方针使其发生变化。这些单边行动具体表现为对一系列政策工具的使用,包括总统行政命令、总统公告、总统备忘录、国家安全指令,以及签署签字声明、休会任命等。所有这些"行政特权"使总统得以在公共政策领域进行"单方面的法律活动",以避开来自国会的干预甚至阻挠,成为总统不断谋求扩大自身权力的重要途径。在通常情况下,联邦最高法院并不介入总统和国会之间的权力纠纷,但若其一旦决定介入,往往会在美国社会产生重要和决定性的影响。

本写作得到了教育部人文社会科学重点研究基地重大项目《当代美国府会关系:总统单边政策工具研究》(项目批准号:12JJD810014)的资助。书稿有幸被纳入"21世纪的美国与世界"丛书,丛书主编吴心伯教授拨冗审阅全书,提出了中肯且具建设性的修改意见。复旦大学出版社编辑孙程姣女士细致又专业的工作给我留下了深刻的印象。谭秋凡同学参加了本书附录一的资料搜集、史料整理以及部分撰写工作。在此,笔者对他们付出的辛勤劳动致以真挚的感谢。

刘永涛

2020 年 12 月 20 日

目　录

第一章　美国总统的行政特权 …………………… 1
　第一节　总统的单边行动 …………………… 2
　第二节　总统权力扩张理论 …………………… 15
　第三节　总统与国会的关系 …………………… 22

第二章　行政命令:最常用的单边行动工具 ……… 36
　第一节　行政命令概述 …………………… 37
　第二节　行政命令的功能及范围 …………… 44
　第三节　关于行政命令的争议 ……………… 54

第三章　国家安全指令:最为隐蔽的单边行动工具
　　　　………………………………………… 61
　第一节　总统与国家安全指令 ……………… 63
　第二节　国家安全指令的作用 ……………… 70
　第三节　国会对国家安全指令的挑战 ……… 82

第四章　签字声明：鲜为人知的单边行动工具 …… 88
第一节　签字声明概述 …… 89
第二节　从布什到特朗普：签字声明的应用 …… 93
第三节　签字声明的争议和挑战 …… 100

第五章　休会任命：重要却被忽视的单边行动工具 …… 107
第一节　休会任命的模糊含义 …… 108
第二节　作为避开国会的手段 …… 115
第三节　最高法院介入休会任命之争 …… 121

第六章　其他单边政策工具 …… 127
第一节　行政协定 …… 128
第二节　总统备忘录 …… 140
第三节　总统公告 …… 145

第七章　余论：国会政治极化和总统权力膨胀 …… 152
第一节　党派之争依然激烈 …… 153
第二节　行政特权日趋强势及其制约 …… 165

附录一　美国总统单边行动大事记 …… 172
附录二　20世纪以来美国总统和国会的政党分布 …… 188
主要参考文献 …… 193

第一章
美国总统的行政特权

美国联邦政府的历史,乃是不同权力部门之间谋求政策制定主导权的竞争史。不断的矛盾、冲突、妥协或合作构成美国总统和国会之间关系的基本特征。在这一历史进程中,总统权力不断得到膨胀和扩张。为了避开国会的监督和制衡,总统往往利用自己的行政特权——尤为突出地表现为采取单边行动方式——以实现自己的政治及政策目标。联邦最高法院一旦决定介入其中,便会产生重要影响。

为了深入理解和认识美国总统和国会之间的关系,有必要对美国总统行政特权给予适当考察。长期以来,一个重要却被经常忽视的问题是,美国总统如何在公共政策行动中避免来自国会的监督和制约。本章首先对总统单边行动做概括性介绍,然后对美国总统权力扩张论、总统和国会权力关系的几种视角给予适当的叙述,这些理论和视角对于理解美国总统单边行动是有必要的。

第一节　总统的单边行动

两百多年前,出于对英国君主统治的恐惧和反感,担心美国政府制度中出现一个强势的行政部门,美国制宪者们把立法部门作为联邦政府的第一部门。他们的主要观点是,不要在北美洲发展出一种美国君主制。单一的行政部门是"君主制的胚胎",并有可能演变成为一种君主制度。美国制宪者们也担心:在新诞生的美国政府制度中出现权力集中的现象。他们从(欧洲)历史中观察到的一个教训是,权力过于集中在单一部门手里是造成权力滥用的主要原因。限制权力集中的一种办法,乃是由不同部门分别从事立法、行政和司法活动。他们还担心政府瘫痪。在欧洲哲学思想的启发下,他们提出权力"分享、分立及制衡"原则,国会和总统在国内外事务中既分享责任和权力,又彼此部门分立、相互制衡,以避免政府权力过于集中在少数人手里,期待既确保有一个充满活力的行政部门,又防止出现行政部门滥用权力的可能。国会则设立众、参两院,造成立法部门内彼此权力制衡的结构。

进入21世纪,美国制宪者们担心的情形再度呈现出来。一个强势的行政部门在联邦政府中日趋占据主导地位,"9·11"事件后,总统权力再度膨胀,使用甚至滥用行政特权的情形时有发生。小布什以"反恐"为名发动入侵阿富汗和伊拉克的战争,授权对美国公民及海外实施监控和窃听,下令成立特别军事法庭;奥巴马绕开国会对利比亚动武,授权暗杀参与海外恐怖主义组织活动的美籍公民,并借"国家机密"为由拒绝司法部门开展调查;特朗普以"国家紧急状态"为由下令修建美墨边界隔离墙,派遣美国军队卷入也门、叙利亚、利比亚和索马里的战争行动。① 与几位前任总统相比,特朗普更愿意使自己表现得像一个权力无限的君主。国会众议院对他滥用总统职权、妨碍国会调查提出弹劾起诉,这使得他成为继安德鲁·约翰逊和比尔·克林顿之后美国历史上第三名被正式弹劾的总统。所有这些都意味着,当代美国总统权力再度扩张,最初的权力制衡原则不断受到严重挑战,联邦政府权力运作时常被中断。

  一定程度上讲,现当代总统使用(滥用)行政特权的情形,达到"水门事件"以来的历史新高峰。造成这些现象出现的背后有诸多原因,它们至少有以下几个方面。

---

① 美国总统所享有的"国家机密"特权,首次确立于 1953 年最高法院对"美国诉雷诺兹"(*United States v. Reynolds*)案的裁决。该判例成为后来白宫和行政部门拒绝公开大量信息的法律依据。

第一,每当国家面临紧急状况(如飓风海啸、金融危机、全球疫情)或处于战争状态(如反恐战争)时,总统的行政权力往往获得迅速扩张。在和平时期,美国民众通常会对政府和政治官僚提出抱怨和批评,但国家遇到危机或处于战争状态时,他们则依赖甚至仰望总统和政府的领导、组织和管理,因为此时国家需要秩序、援助、安抚、动员、士气和重建。"9·11"事件、反恐战争、全球金融危机或新型冠状病毒肺炎疫情,所有这些给总统寻求强化和扩大自身行政权力提供了机会。总统也会利用这个时机改变自我形象、强化行政部门的功能及作用。美国人似乎不断加深着这样一种传统认识,即总统在公共(尤其对外)政策领域享有广泛的权力,当国家处于紧急状态时更是如此。布什、奥巴马和特朗普分别抓住并利用了这些机会。当然,若处理不当或能力有限,总统也会因国家危机而断送自己的政治生涯。

第二,日趋严重的美国国内政治极化,尤其国会内部党派之间相互争斗,经常造成国会立法功能陷入瘫痪,严重削弱了国会对总统权力进行监督和制衡的能力。一个变得非常政治分化和党派化的国会,显然难以抵御来自行政部门的权力蚕食。国会政治陷入僵局之际,往往也是总统采取单边行动、扩大甚至滥用自己的行政特权之时。国会机构人数众多、集体回应机制以及议员个人对信息掌握程度参差不齐等,都妨碍着国会作为整体对总统及行政部门权力扩张进行有效遏制。尤其在具体的对外关系事务中,国会一般不愿意承担责任,形成国会自我否定的情形。这自然与国会谨慎地避免承担责任和推卸责任的特性有关。有评论者指出,为了避免政策失误而招引指责,国会往往宁愿放弃自身的功能,"若事情变得糟糕起来,议员们会耸耸肩把它推卸到总统身上"[①]。与此同时,总统和行政部门则"设法把国会对外交角色置于从属地位"[②]。反恐战争期间,随着对伊拉克动武的呼声日益高涨,共和党控制的众议院和民主党控制的参议院不约而同地站在布什总统的身后,高票数地通过战争决议案,授权总统"必要时"使用武力打击萨达姆政权。在过去 20 年里,美国对外政策相当程度地被掌握在总统手里;国会在更多情形下起着呼应和顺从的作用。国会固然声称有权进行干预,但经常选择不加干预,任由总统和行政部门权力处于主导地位。[③]

[①] Patrick Krey, "A Presidency Fit for A King", *The New American*, 2009, Vol.25, No.7, p.23.

[②] 李庆四:《美国国会与美国外交》,北京:人民出版社 2007 年版,第 475 页。

[③] 当然,即使是在冷战时期,美国总统的权力也并非是无限的。冷战结束后,尽管总统继续显得对国家安全和对外政策负有重要责任,但是,他的权力更加受到美国社会各种力量以及冷战后世界不稳定局面的限制和制约,而且继续受到冷战时期政策连贯性和社会共识等标准的评判。

第三，行政部门的规模不断扩大。尽管共和党一再声称奉行"小政府"原则进行国家治理，但对于几乎所有的总统来讲，拥有一个庞大的行政部门是至关重要的。据称，2007年度（共和党籍总统布什执政时期），美国行政部门的雇员人数超过400万，其中三分之二是文职人员，若把合同雇员和那些接受联邦资助的人包括在内，其数字还要高。① 美国现代史上最大的政府重组——成立国土安全部——便是在布什政府期间发生的。作为行政部门首脑，总统可以凭借对庞大行政官僚机构的控制和重组等方式，巩固和扩大自己的行政特权范围。

第四，有关行政部门内部存在"深层政府"的说法，促使总统不断强化对行政部门及下属机构的控制及管理权力。所谓"深层政府"，一般指由政府核心部门、金融巨头、工业企业巨头组成的，为保护其既得利益而实际控制国家的幕后集团或者混合体。换句话说，操纵美国大局的是政府公职人员、企业和金融大财团，而不是当选的政治领导人。它被视为政府中的政府，其形成无

---

① U.S. Office of Management and Budget(OMB), *Budget of the United States Government*, *Fiscal Year 2008*, Washington, D.C.: U.S. Government Printing Office, 2007, p.365. 转引自 Andrew Rudalevige, "The Administrative Presidency and Bureaucratic Control: Implementing a Research Agenda", *Presidential Studies Quarterly*, 2009, Vol.39, No.1, p.11.

须经过民主程序和正式的政治程序，具有相对稳定性，其政策和长期计划不受变化的影响。它无处可寻，但又无处不在，影响巨大，对总统权威构成挑战。① 正如一些评论者所观察，当代美国总统对行政部门的控制不断加强。② 在19世纪英国人白芝浩（Walter Bagehot）那里，这种"深层政府"被称为"双重政府"。③

所谓单边行动，主要指总统有能力采取单独行动——无论它是否得到国会和法院的明确同意——寻求在宪法权力制衡框架之外影响国家政策的变化。大部分的总统单边行动并非直接源于美国宪法的授权，其合法性在美国政治生活中往往备受争议。根据美国宪法规定，总统的职责乃是"监督法律得到忠实地执行"。然而，宪法理论和权力现实之间一直存在着紧张关系。当白宫和国会之间发生严重冲突、彼此拒绝妥协时，联邦政府可能一时陷于瘫痪状态，总统便趋于超越法律而采取单边行动。长期以来，总统行政特权在理论

---

① 参阅 Michael Lofgren, *The Deep State: The Fall of the Constitution and the Rise of a Shadow Government*, New York: Penguin Books, 2016。
② 参阅席涛：《美国政府管制成本与收益分析的制度变迁——从行政命令到国会立法》，《中国社会科学院研究生院学报》2003年第1期；张千帆：《行政权力的政治监督——以美国行政法为视角》，《当代法学》2007年第5期。
③ 参阅 Walter Bagehot, *The English Constitution*, Ithaca: Cornell University Press, 1967/1867。

上得到所谓"单一行政部门"论的支撑。该理论的核心观点是,唯有总统享有对行政部门实行控制和管理的职责。换句话说,总统是唯一对行政事务担负全部责任的人。相应地,行政部门作为单一的整体,必须对作为行政首脑的总统负责。① 既然宪法把行政权赋予总统,那么国会就不能限制总统享有控制和管理行政官僚及事务的能力。②

一般认为,美国联邦政府的决策效率缓慢,它主要发生在国会的决策过程中,发生在白宫和国会之间产生严重矛盾和分歧、彼此僵持不下的情形里。相比之下,总统单边行动则是决策效率快速的行为。这种单边行动表现为总统对一系列单边行动工具的使用,包括总统行政命令、国家安全指令、签字声明、行政协定、公告、备忘录、休会任命、搁置否决等。通过使用这些

---

① Jeremy D. Bailey, "The New Unitary Executive and Democratic Theory: The Problem of Alexander Hamilton", *The American Political Science Review*, 2008, Vol.102, No.4, p.453; Richard W. Waterman: "The Administrative Presidency, Unilateral Power, and the Unitary Executive Theory", *Presidential Studies Quarterly*, 2009, Vol.39, No.1, p.6.
② 美国历史上最著名的"单一行政部门"论捍卫者恐怕是亚历山大·汉密尔顿。可参阅《联邦党人文集》第69、70、72、75篇等。这一理论的当代倡导者及其著作如:John Yoo, *The Powers of War and Peace: The Constitution and Foreign Affairs After 9/11*, Chicago: University of Chicago Press, 2005; Steven G. Calabresi and Christopher S. Yoo, *The Unitary Executive: Presidential Power from Washington to Bush*, New Haven: Yale University Press, 2008。

工具，总统可以方便、快捷地发起单边政策倡议，对国会或法院、行政部门官僚机构施加政策压力，从而直接影响国家政策的制定及变化，实现白宫的政治目的。随着政治极化和社会分裂不断加剧、国内外各种不确定因素增加，美国总统有可能会更经常、更大胆地采取单边行动，推动重大政策的发展及变化，实现白宫的政治目标。

因此，有必要对单边行动给予系统的考察。美国总统为何、如何以及何时采取单边行动？一定的单边行动会造成怎样的政治及政策后果？探究这些问题的答案，将有助于深入理解美国联邦政府的决策机制，以及总统行政特权在这种机制运行中的地位和作用。

为了谋求决策领域中处于主导地位，联邦政府不同部门之间彼此经常发生权力竞争。进入21世纪，行政部门在这种竞争中处于优势。总统通过采取各种单边行动，对行政部门的议程、政策执行以及由此带来的结果进行管控和指导，避开来自国会权力的监督和制约。通过对政策的制定、调整、执行以及后果的驾驭和支配，总统谋求展示自身影响政策的能力以及实现一定政治目标的才干，最终单方面达到改变国家重大既定政策后果的目的。由此可见，总统单边行动日益成为一种突出的美国政治现象。从机构层面看，单边行动与联邦政府权力分立之间存在着交织关系。也就是说,在政治权力分立的制度里,总统谋求单边行动的做法往往受制于不同部门之间权力政治的约束,具体体现如下。

第一,立法部门对单边行动构成影响。为了避开来自国会的干预甚至阻挠,保护自己的行政特权,总统往往利用单边行动优势,单方面发起政策倡议或立法活动,旨在影响既定的公共政策并使其结果发生变化。当然,在采取单边行动之前,总统也需要做出战略考量,即某个单边行动是否会得到国会的认可。若总统准备签署一项行政命令,但该命令可能遭到来自大多数国会议员的反对,国会将以通过一项新法案推翻总统的行政命令作为回应。来自国会的这种潜在威胁,使得总统在采取单边行动之前三思而行。当然,政策过程并非随着一项新的政策——无论它是经由国会立法还是总统单边行动——确定而结束,因为随后便是依赖于行政部门对政策加以具体执行。因此,国会会授权行政部门拥有一定的政策管辖权,也就是说,在政策立法过程中,国会也会考量一旦政策被制定出台,其是否能够得到忠实地执行。

第二,法院部门对单边行动构成影响。在采取单边行动之前,总统会评估法院部门可能做出的反应,尽可能避免白宫颁布的指令被法院推翻。通常情况下,法院部门并不愿介入总统和国会之间权力关系的纠葛中,认为它们可以通过立法或政治协商途径加以解决。换句话说,法院部门通常以它们之间权力之争属于"政治问题"为由,认为它们不适合在司法领域加以解决。不过,法院部门一旦决定介入,便往往产生重要和决定性的影响。在几个重要案例的判决中,最高法院承认存在着"两个总统职权"的情形,支持行政部门在对外事务中的主导地位。20世纪30年代后期和20世纪40年代初,美国联邦最高法院在三个著名案例——它们分别是"美国诉柯蒂斯-赖特出口公司"案(1936年)、"美国诉贝尔蒙特"案(1937年)以及"美国诉平克"案(1942年)——中做出了有利于总统单边行动权力的判决。尤其在"美国诉柯蒂斯-赖特出口公司"案中,乔治·萨瑟兰大法官把美国总统权力确定为处理对外事务的"唯一机构"。可以说,总统权力不断扩张,固然在于国会没有能够制衡总统权力,也在于最高法院一定程度地助长了这种权力。不过,也有法院部门"不愿盲从行政部门"、对总统权力加以限制的情形。在"杨斯顿钢管公司诉索耶"案(1952年)的裁决中,最高法院试图恢复美国政治中这样一种观念,即在国家对外事务方面,总统的权力应该受到国会的制约。

第三,行政部门内部对总统单边行动构成影响。行政部门主要关注对政策的具体执行。对于受政策驱动的总统而言,要想以实现所期待的政策结果,最终还将依赖行政部门官员有效地执行政策。有评论者指出,在一些情况下,行政部门下属机构并未忠实地执行总统指令中所下达的指示,有些指示甚至并非是上传下达,而是自下而上地由行政部门下属机构上传至白宫。① 也就是说,除了受制于联邦不同部门之间的政治之外,总统的单边行动还受到来自行政部门内部机构的牵制。这种行政部门内部之间的政治,同样影响着总统采取单边行动的战略考量及选择。②

一旦立法程序结束、总统签署议案使其成为法律,总统便开始行使执行法律的行政权力。总统会利用不同的行政手段(如通过颁布行政命令、备忘录或签字声明)直接指导和规定行政部门下属的执法行动。总统单边行动具有两个明显特点:主动行动和单独行动。一方面,总统利用单边行动谋求展示自己的行政权威及倡议能力;另一方面,总统利用它试探国会及民众对白宫单独决策的反应。并非所有的总统单边行动都是

---

① Joshua B. Kennedy, "'Do This! Do That!' and Nothing Will Happen: Executive Orders and Bureaucratic Responsiveness", *American Politics Research*, 2015, Vol. 43, No. 1, pp. 59-82; Andrew Rudalevige, "Executive Orders and Presidential Unilateralism", *Presidential Studies Quarterly*, 2012, Vol.42, No.1, pp.138-160.

② Ian R. Turner, "Policy Durability, Agency Capacity, and Executive Unilateralism", *Presidential Studies Quarterly*, 2020, Vol.50, No.1, pp. 40-62; Ashley Moraguez, "Policy Making in the Shadow of Executive Action", *Presidential Studies Quarterly*, 2020, Vol. 50, No.1, pp.63-89.

一样的。有评论者认为，总统指令的重要程度、其内容的开明或者保守程度、它所涉及的政策领域是什么、指令发出的对象是谁、指令所下达的指示是否清晰，所有这些可以通过对指令进行文本分析获得解答，从而了解总统是如何采取单边行动以及它背后的本质。① 从理论上讲，人们更关注重要的行动以及它所带来的后果，因此，把一般的单边行动和重要的单边行动区别开来，乃是探究美国总统行政特权的重点。

一般来讲，当国会立法功能下降时，总统更趋于采取单边行动。若国会内部党派分裂或政治极化严重，两党（民主党和共和党）势均力敌，这种情形使得国会立法程序经常缓慢甚至受阻，行政部门的许多政策目标无法实现，这便给总统采取单边行动去实现这些目标提供了机会。国会议员的行为一般具有这样一种特点，即议员往往试图把自己的政策立场和选民的政策偏好加以平衡。当两者出现冲突时，议员们也许会与得到选民支持的总统讨价还价，这样议员们既可以继续得到选民的支持，同时也避免承担总统单边行动所带来的后果。一种假设是，如果国会内部不团结，国会不太可能与总统进行强硬的讨价还价，因为政治极化

---

① Aaron R. Kaufman, "Measuring the Content of Presidential Policy Making: Applying Text Analysis to Executive Branch Directives", *Presidential Studies Quarterly*, 2020, Vol.50, No.1, pp.90-106.

很可能加剧政治僵局。随着极化加剧,国会议员更加难以聚集力量挑战总统的单边行动。

何时采取单边行动也与总统的选举动机有关。总统单边行动面临两种不同的社会潜在回应。一个是民众方面,如果总统的单边行动所做出的决策不利于民众利益,被认为违反了联邦政府权力分立的安排,那么这些单边行动便会受到选民及团体的批评和指责。反之,通过表达对选民偏爱和有利的看法,单边行动可以把总统的支持者动员起来,得到民众的广泛支持。美国的民主价值通常与选民所支持的政策或总统联系在一起。选举动机影响着总统的战略行为。尽管政治大选往往与经济状况、就业、战争与和平等议题有关,但是为了迎合各类选民的需要,总统也会利用自己的行政资源出台一些看似平庸的政策。2020年政治大选期间,在面临内忧外患加剧的情况下,特朗普利用在职总统的资源优势,通过采取一系列单边行动,如叫停赴美移民、停发绿卡或工作签证等,以博得更多"民粹"选民的青睐和支持。这些却是民主党竞选对手所不具备的地方。另一个是党派层面,党派因素会影响对总统单边行动的看法。共和党籍总统的单边行动,一般更多地得到来自共和党的支持以及来自民主党的反对。反过来也是如此。采取的单边行动若符合两党分享的利益,则会得到两党的共同支持。

第二节　总统权力扩张理论

纵观美国历史，总统职务的演变是一个不断获得膨胀的过程，扩大甚至滥用行政权力的情形经常发生。为了实现自己的政治及政策目标，总统不顾国会和民众反对，利用各种途径和手段行使自己的行政特权。有些总统权力扩张行为成为重要的美国历史事件，涉及领域包括外交事务（华盛顿和杰伊条约、杰斐逊和路易斯安那购地案）、战争行动（波尔克和美墨战争、麦金利和美菲战争、罗斯福和中立条例违约）、公民合法权利（林肯和人身保护令中止、罗斯福和指控新闻媒体、胡佛和镇压退役军人诉求）、国内政治（约翰逊和情报机构监控政治对手、尼克松和"水门事件"）等。尽管这些总统处于不同时代，性格各有不同，但他们有一个共同之处：他们都相信，只要出于国家利益的需要，总统便可不顾政治上的反对和压力而采取行政行动。

为了给自己的行政特权扩张行为进行辩护，美国总统经常提出各种行政权力扩张理论。19 世纪便有杰克逊式总统权力论。在安德鲁·杰克逊本人和后来的詹姆斯·波尔克看来，总统不仅代表行政部门，而且在代表美国人民方面并不逊色于国会。他们试图重申总统职务有着广泛的民众基础。进入 20 世纪，西奥多·罗斯福认为,总统有权"对国家的任何需求采取行动,除非这种行动被宪法或法律所禁止"①。他把总统比喻为替民众办事的"管家",认为总统权力只受制于宪法或法律——而不是国会或最高法院——的约束。这种与欧洲中世纪君主权论颇有相似之处的总统"管家论",标志着美国政治生活开始转向倡导一个更为积极的现代总统制观念。

在这里有必要提及一个更早的理论,那便是亚伯拉罕·林肯的总统"特权"观。林肯吸取了英国政治思想家约翰·洛克在《政府论》里表达的一个观点,即行政部门应该享有余地去做许多可选择的事情,而不应受法律的规范。在写给一家报社编辑的信里,林肯承认,当选成为总统并非使他自动拥有强烈的个人处理奴隶制问题的权威,但认为总统将"维持、保护和捍卫美国宪法",为了拯救宪法,他作为总统可以采取例外行动,若有必要——譬如拯救国家避免在奴隶制问题上陷入分裂——甚至可以违反宪法中的某些条文。在林肯看来,"违宪的行为也许成为合法",因为保障国家与保障立法不可分割,若国家陷入分裂,宪法还能够保

---

① Theodore Roosevelt, *The Autobiography of Theodore Roosevelt*, New York: Charles Seribner's Sons, 1913. 转引自 Jay M. Shafritz and Lee S. Weinberg, eds., *Classics in American Government*, California: Wadsworth/Thomson Learning, 2000, p.321.

留得住吗?① 林肯的观点也许是一个美国总统对总统特权提出的最为激烈的要求。

威廉·霍华德·塔夫脱关于总统权力应该"忠实宪法"的观点,与林肯和罗斯福的理论大相径庭。塔夫脱担心,若允许总统以人民——而不是宪法——的名义采取行动,它可能导致总统扩大自身的权力,造成"无法弥补的不公正"。在他看来,总统不能行使"没有得到适当、合理且具体授权"的权力,也不可以行使看似为了"民众利益"却"未得到明确规定的权力"。②

另一个现代总统制观念由伍德罗·威尔逊提出,并在 20 世纪初得到广泛传播和认可。它建立在这一种认识上,即美国政治制度从根本上讲需要行政部门有强有力的政治领导,但美国宪法却建立在拒绝这种需要的理论上。在威尔逊看来,美国政府建立在辉格党人的政治动态理论上,"这种理论是一种下意识的对

---

① 1864 年 4 月 4 日,林肯在给肯塔基《共同体报》(*Commonwealth*)编辑艾伯特·霍奇斯(Albert Hodges)的信里表达了这些观点。转引自 Jay M. Shafritz and Lee S. Weinberg, eds., *Classics in American Government*, California: Wadsworth/Thomson Learning, 2000, p.321。

② William Howard Taft, *Our Chief Magistrate and His Powers*, New York: Columbia University Press, 1918. 转引自 Jay M. Shafritz and Lee S. Weinberg, eds., *Classics in American Government*, California: Wadsworth/Thomson Learning, 2000, p.323。

牛顿宇宙理论的复制"。① 他批评宪法制衡原则过于虚弱,认为联邦党人试图把三个权力部门之间相互制约的关系制度化是徒劳的,因为19世纪末美国社会的变化已经造就了一种"政府功能集中化",打破了制衡原则旨在使部门间确保权力平衡的意图。② 国会成为"突出的控制力量,成为所有动机和所有立法权的中心及来源"。③ 他也批评这一原则对国会权力造成了有害限制。为了防止国会对行政部门实施全面控制,权力分立制度剥夺了立法部门的正当权利。在这里,威尔逊既批评国会过于强大,又指出它过分虚弱,但其主要批评矛头并非直接指向国会,而是指向美国宪法三权分立结构具有牛顿式物理学的机械性。简约地讲,这种现代总统制观念拒绝承认宪法制衡原则的有效性,转而谋求建立强有力的行政(总统)权威,并试图从宪法以外——而不是宪法本身——找寻建立这种权威的基础。

在美国,最为激进的总统"管家论"出现于第二次世界大战时期。当时,富兰克林·罗斯福对总统权力加以扩张,包括对行政机构进行改革和扩充,取得实质

---

① Woodrow Wilson, *Constitutional Government in the United States*, New York: Columbia University Press, 1961, p.126.
② Woodrow Wilson, *Constitutional Government in the United States*, New York: Columbia University Press, 1961, p.54.
③ Woodrow Wilson, *Constitutional Government in the United States*, New York: Columbia University Press, 1961, p.31.

性的立法权。他曾要求国会废除《紧急时期价格控制条例》中的一项条文,理由是该条文正在妨碍战争努力。在他看来,总统的权威来自宪法,"总统有权根据宪法和根据国会的条例采取必要的措施,以避免出现某种干扰赢得这场战争胜利的灾难"①。

除了上述有关总统的传统理论和学说外,后来的总统们也都竭力维护自己的行政特权。第二次世界大战(以下简称"二战")结束后,美国总统经常采取单方面行动制造战争,像哈里·S.杜鲁门和朝鲜战争、罗纳德·里根和格林纳达冲突、乔治·布什和巴拿马事件、比尔·克林顿和伊拉克轰炸以及波黑战争等。他们的行动均未得到来自国会的正式授权。1970年夏,理查德·尼克松签署一份秘密命令,即所谓"休斯敦计划"(the Huston Plan),指示中央情报局、联邦调查局和其他联邦情报部门监控和打击国内反政府的政治势力,引发美国社会强烈的反对声音,甚至在1973年引来弹劾总统的呼声。尼克松则认为,总统享有特殊的权力,"这种权力可以采取可能被认为属于非法的行动。但只要采取的行动是出于维护国家和宪法的目的,那么它便是合法的"。在这里,尼克松显然借用了当年林肯

---

① 转引自 Christopher H. Pyle and Richard M. Pious, *The President, Congress, and the Constitution: Power and Legitimacy in American Politics*, New York: The Free Press, 1984, p.72。

为自己在特定环境下采取违宪行动的例子,以此作为他本人对"休斯敦计划"的辩护。林肯曾经说:"本可能属于违宪的行动,可以成为合法的,只要它是出于维护宪法和国家的目的"。①

冷战结束后,比尔·克林顿提出自己的总统权力理论。在克林顿政府看来,宪法制定者给予总统在对外事务方面独特的权力。作为美国对外政策的"唯一机构",总统方面有权界定、管理和从事国家的对外事务,并独自对国家安全负责。国会若事先对总统战争权力进行任何限制,那么这种做法应该被视为违宪。作为军队总司令,总统有权在任何地方动用武力去完成任务,包括发起战争。总统还是美国海外利益的唯一裁决者,因此享有可迅速而果断地采取行动的自由支配权,以保护海外美国人的生命和利益。此外,当面临外国威胁使用武力时,总统可以决定何时采取行动,有权命令美国军队致力于参与国际组织的军事行动。立法部门若在此时试图限制总统权力,其做法被认为是不受欢迎的,因为它将干预和破坏总统在国家对外政策行动方面的自由。

依据这类理论,克林顿在执政期间不断地采取单边军事行动,从行政部门角度制造战争。他利用美国军事力

---

① 转引自 Christopher H. Pyle and Richard M. Pious, *The President, Congress, and the Constitution: Power and Legitimacy in American Politics*, New York: The Free Press, 1984, p.75。

量空袭或使用导弹袭击阿富汗和苏丹,还有伊拉克和波黑。他还下令美国与北约盟国一起对南斯拉夫联邦共和国实施大规模空袭和导弹袭击,但这一军事行动并未获得国会的授权。在国会直接拒绝授权进行这场战争的情况下,克林顿仍然制造了这场实属罕见的"总统战争"。

可以看到,美国总统经常断定,宪法里蕴含着尚未明确表述出来的总统权力。他们试图通过各种言论和行动把这些潜在的总统"权力"展示出来。在他们看来,这些"权力"或者天然地存在于美国政府的性质中,或者来自宪法文字的模糊提示。譬如,《美国宪法》第二条并未具体授权总统的权威,但这种权威应该从总统所拥有的全部权力中推导出来。总统认为他们拥有各种紧急状态处理权,从理论上讲,宪法必须解读为允许政府在关乎国家生存问题上采取行动。换句话说,一定的政治权力可以通过对模糊的宪法表述进行特定解读而获得。总统声称所具有的这些"权力"与总统的实际权威是一致的,就像国会声称有权采取所有"必要和适当"的行动去行使它的一系列权力一样。

如前所及,美国政治有关权力安排的理念来自欧洲哲学传统。约翰·洛克赞成行政部门在对外事务方面享有广泛和独立的权力。相比之下,法国人孟德斯鸠则更强调权力制衡的价值,认为行政部门应与立法部门共同采取行动。孟德斯鸠的观念更多地指导着早期美国政府,但是,这种迫使部门之间共同行动的体制已经陷入歧途。当今美国不断偏离着孟德斯鸠式的制衡政治,转而更多地投向洛克式的行政特权。

第三节　总统与国会的关系

长期以来,(至少在西方学术界)一种占主导地位的看法是,美国行政部门的政策影响力取决于总统是否具备"讨价还价"和"劝说"的能力。或者说,这一看法把重点放在白宫对立法过程施加影响的能力上,关注总统如何利用谈判、劝说甚至妥协的方式寻求与国会在公共政策领域的合作。[1] 不过,自美国卷入越南战争和国内发生"水门事件"之后,日益膨胀的总统权力不断遇到来自国会的制约和挑战(而不是顺从或合作)。国会和总统经常就国家对外政策主导权展开激烈争夺,出现所谓国会权力"复兴"的情形。[2]

---

[1] 在美国学术界,持这种看法的代表作品是 Richard E. Neustadt, *Presidential Power: The Politics of Leadership*, New York: Wiley, 1960。

[2] 可参阅 Randall B. Ripley and James M. Lindsay, eds., *Congress Resurgent: Foreign and Defense Policy on Capitol Hill*, Ann Arbor: The University of Michigan Press, 1993; James M. Lindsay, *Congress and the Politics of U.S. Foreign Policy*, Baltimore: The Johns Hopkins University Press, 1994; Jeremy D. Rosner, *Congress, the Executive Branch, the New Tug-of-War and National Security*, Washington, D.C.: A Carnegie Endowment Book, 1995。

随着 21 世纪美国总统权力再度膨胀,一种新的看法认为,在理解国会和总统关系方面,一个重要但经常被忽视的问题是,总统是如何在对外事务中避开来自国会的参与和监督。为了更好地理解国会与总统之间的关系,有必要超越传统研究模式的藩篱,把重点从关注总统向国会提出政策倡议或行使议案否决权,转向考察总统如何利用行政特权、采取单边行动的做法上。[①]

把考察重心放在理解和认识总统行使行政特权上,乃是对国会和总统复杂权力关系探究的一种延续和拓展。为了更好地理解和认识总统行政特权,有必要把它放在这种复杂关系里加以考察,而不是将两者割裂开来。在对外政策领域,国会和总统之间彼此争夺主导权乃是一种历史现象,双方权力的起伏消长过程呈钟摆状态。冷战结束后,出现过有关美国国会和总统权力关系的各种讨论,主要关注世界政治格局和美国政治结构发生重大转型背景下这种关系的变化,

---

[①] 近年来,西方学术界在这方面的研究成果有:Lawrence Margolis, *Executive Agreements and Presidential Power in Foreign Policy*, New York: Praeger, 1986; Phillip J. Cooper, *By Order of the President: The Use and Abuse of Executive Direct Action*, Lawrence: University Press of Kansas, 2002; William G. Howell, *Power Without Persuasion: The Politics of Direct Presidential Action*, Princeton: Princeton University Press, 2003; Steven A. Shull, *Policy by Other Means: Alternative Adoption by Presidents*, College Station: Texas A & M University Press, 2006;等等。

从不同侧面揭示它们在公共政策领域相互竞争、相互制约的关系。这些讨论一定程度地打破了过去把总统和国会权力分开理解的简单做法,也为人们理解和认识总统如何避免国会而采取单边行动提供一种角度。

长期以来,西方学术界存在着两种比较有影响的观点。一种有代表性的观点是"两个总统职权论"。该观点认为,自二战结束以来,美国国会和总统在对外事务方面的关系,非常不同于它们在国内事务方面的关系。总统在实现对外政策目标方面比他们在实现国内政策目标方面更有把握,在对外及防务政策领域比在国内事务方面更具有权力,即所谓一个对外政策的总统职权,一个国内事务的总统职权。[①] 另一种观点是,在对外及安全政策领域,总统往往提出政策倡议,国会对倡议给予回应,在一些极为重要的对外决策中,国会甚至连回应的机会也没有。[②]

这些观点曾盛行一时,但后来受到如下几个方面

[①] Aaron Wildavsky, "The Two Presidencies: Presidential Power is Greatest When Directing Military and Foreign Policy", *Trans-action*, 4, December 1966, pp.7-14. 对这一观点的进一步探讨,可参阅 Steven A. Shull, ed., *The Two Presidencies: A Quarter Century Assessment*, Chicago: Nelson-Hall, 1992; James M. Lindsay and Wayne P. Steger, "'The two Presidencies' in Future Research, Moving beyond Roll-Call Analysis", *Congress and Presidency*, 20, Autumn 1993, pp.103-117。

[②] 参阅 Robert Dahl, *Congress and American Foreign Policy*, New York: W. W. Norton, 1963。

的挑战。第一,这些观点主要反映了20世纪50年代和20世纪60年代初的情形。尤其在对外政策领域,当时国会的自信不足,对总统的依赖程度较高。随着行政部门在越南战争和其他对外政策中的失误(如总统授权中央情报局破坏智利1973年总统选举,从而导致发生刺杀智利总统萨尔瓦多·阿连德的事件),国会开始谋求了解更多国际事务信息,在参与对外关系决策中也变得更有自信。第二,所谓国会对总统对外政策持更多的赞成,这种情形到了20世纪60年代后期和20世纪70年代,便下降到几乎与赞成其国内政策的相同水平。第三,尽管"两个总统职权论"提供了有益的分析框架,但相当程度地忽视了国会和总统在对外政策领域互动的多层面性,也忽视了更为广阔的法律及历史的环境。20世纪80年代末,"两个总统职权论"的提出者阿伦·威尔达夫斯基(Aaron Wildavsky)重新评估了自己的观点,认为"两个总统职权论"受制于时间和政治文化的因素,而且是以相对狭隘的语言进行叙述的。[1]

冷战结束后,有关美国对外政策领域国会和总统关系的研究取得进展。两种彼此对立的观点逐渐占据主导地位。一种是国会"复兴论",认为自越南战争以

---

[1] 参见 Duane M. Oldfield and Aaron Wildavsky, "Reconsidering the Two Presidencies", *Society*, 1989, Vol.26, No.5, p.54。

来，国会和总统之间在对外政策上的共识被打破，总统在对外政策中的主导权受到挑战，国会的对外政策权力获得复兴。有研究者认为，除了与越南战争有关外，国会外交权力的复兴还与其他因素有关，包括国会对立法权的强化、国内社会民权运动的蓬勃发展，以及后来各种利益集团的兴起等。① 此外，越南战争后"国会复兴"还与国会党派政治、新的相互依赖在国内外事务中不断兴起有关，如能源问题、全球贸易、移民以及难民政策等。在这个过程中，国会在广泛的领域参与对外政策的制定，对总统的对外政策权力给予更多的监督。有研究者甚至认为，自冷战结束以来，由于"美国外交越来越突出地呈现出外交决策主体多元化、决策过程政治化的特点，总统的外交权力日渐受到削弱"，国会开始在与总统的关系中占主导地位。② 由于国会在对外政策领域的权力获得进一步增强，对总统权力不断加以制约以束缚其手脚，美国对外政策制订朝着国会和总统之间更加相互制约的方向发展。

另一种观点则提出了相反的看法，认为并没有更多的经验证据表明国会权力获得复兴，因此被称为国

---

① James M. Lindsy, *Congress and the Politics of U.S. Foreign Policy*, Baltimore: The Johns Hopkins University Press, 1994, pp.26-29.
② 汪涛：《美国外交由谁负责？——总统与国会的权力之争》，《陕西师范大学学报》(哲学社会科学版)2002年第1期，第63—64页。

会"沉默论"或"弱势论"。这种观点指出,在过去的几十年里,国会固然经过一些改革和变化,但在与总统的关系中仍处于行动迟钝和低效率地位,并没有被视为对外政策过程中的重要行为体。从法理角度讲,这种情形是不可思议的甚至是荒谬的,但在现实中它却是经常出现的。总统往往在国会不知情的情形下行事,其原因部分地在于总统享有立法的支持,部分地在于总统担心一旦行动事先被国会知晓,便会引起议院无休止的辩论。尽管国会经常参与对外政策制定并获得相关领域的专业信息,增进它与白宫之间的合作和协调,但国会对行政部门对外政策的监督和批评,在效果和作用上是非常有限的。有评论者指出,越南战争后的国会行为继续遵循着一种"顺从"总统的模式,国会两党议员们仍然遵循着"长期冷战的文化传统",他们并不相信自己可以制定对外政策。[①]

在美国政治文化里,国会的脆弱一直被视为常见现象。这具体表现在如下两方面。其一,国会机构规模庞大,呈非中央化结构,招引特殊利益集团的游说和腐蚀;国会议员来自全国各州,盛行助长地方主义的"人人为己"思想,在解决迫在眉睫的国家难题方面眼

[①] Stephen R. Weissman, *A Culture of Deference: Congress's Failure of Leadership in Foreign Policy*, New York: HarperCollins Publishers Inc., 1995, pp.17-31.

光狭隘。所有这些使得国会的管理效率低下,除非有来自总统方面的指示和领导。① 其二,国会的行动能力脆弱。参议院经常被看作一个夸夸其谈、玩世不恭的权力场所;众议院则是眼光短浅、凡俗繁琐的喧嚣地方。作为立法部门的整个国会在社会民众中的形象往往是负面的,尽管部分议员个人在美国选民中间会有一定的影响。国会的脆弱形象为总统地位强化起到推波助澜的作用。1992年,乔治·布什被问及他为何不能像实现"沙漠盾"和"沙漠风暴"计划那样去实现国内政策方目标时,布什回答说,"把萨达姆·侯赛因踢出科威特,我不需要从国会中一些老绵羊那里获得批准"②。尽管越南战争和"水门事件"之后,国会试图重新恢复它的作用,如通过《战争权力条例》《国会预算和截留控制条例》等,但在持国会"弱势论"者看来,这些努力并未从根本上改变国会的状况,因为国会的难题存在于这个机构的性质中。

对国会"复兴论"持质疑态度者坚持认为,在当代美国对外政策的全部活动中,总统权力仍然居主导地位。有研究者指出,在对外政策领域,白宫方面几乎总

---

① Robert J. Spitzer, *President and Congress: Executive Hegemony at the Crossroads of American Government*, Philadelphia: Temple University Press, 1993, p.242.
② 转引自 John Dumbrell, *American Foreign Policy: Carter to Clinton*, New York: Palgrave Macmillan, 1996, p.113。

是处于优势地位。主要的理由是:第一,行政部门在对外事务方面采取主动,而且通过对规定总统权力的宪法解释来证明总统行动的权威性;第二,在立法方面,国会议案起草往往目光短浅,缺乏足够的政治意志,因而国会对总统的所作所为经常表现出依从或默认态度;第三,联邦法院通常会宽容总统的行为,或者拒绝听取对总统行为发出挑战的言论,或者听取挑战言论后对总统的权威给予肯定。① 在一些评论者看来,自20世纪70年代以来,国会有效的对外政策行为实际上一直在减少,国会只是关注自身的"象征性行为",看上去是在积极参与对外政策活动,但没有产生实质性影响,犹如"只见炊烟不见火"。② 从更深层次上看,国会政治文化中独特的习得方式和行为特征,也决定了国会在对外政策领域对总统具有不可避免的依赖性。③ 在冷战后世界格局发生重大转型的背景下,总统的对外政策权力仍然处于主导地位不变,因为总统

---

① Harold Hongju Koh, *The National Security Constitution: Sharing Power after the Iran-Contra Affair*, New Haven: Yale University Press, 1990, p.117.
② Barbara Hinckley, *Less than Meets the Eye: Foreign Policy Making and the Myth of the Assertive Congress*, Chicago: The University of Chicago Press, 1994, pp.173-174.
③ Stephen R. Weissman, *A Culture of Deference: Congress's Failure of Leadership in Foreign Policy*, New York: HarperCollins Publishers Inc., 1995.

往往处于更能维护国家利益和安全的地位。

不过,也有一些研究试图超越有关国会外交是否"复兴"的争论,从更为广阔的角度理解当代美国国会和总统之间的关系。一些研究者从美国政治制度安排的角度提出,国会和总统在对外政策的目标和手段上发生冲突,固然造成对外政策制定过程中出现决策上的僵局、优柔寡断或迟钝现象,但它并非一定给美国国家安全和利益带来害处,或是破坏总统方面的对外政策计划。从某种意义上讲,国会的参与和监督反而可以使总统避免在政策制定上的失误。来自国会的政策倡议可能推动总统考虑采取新的政策,或对传统政策问题进行新思考,从而在对外政策领域发挥有效作用。尽管国会议员会考虑自己连选连任的问题,但这类狭隘的个人利益并没有使国会变成国家对外政策制定过程中的障碍。[1] 还有研究者指出,尽管国会和总统之间存在着争夺对外政策制定权的情形,但是彼此也存在着合作的需求。一方面,国会需要行政部门忠实地执行国会做出的立法决定;另一方面,总统需要国会的拨

---

[1] Thomas E. Mann, ed., *A Question of Balance: The President, the Congress, and Foreign Policy*, Washington, D.C.: The Brookings Institution, 1990; Eileen Burgin, "Congress, the Executive, and Public Policy", in Lawrence C. Dodd and Bruce I. Oppenheimer, eds., *Congress Reconsidered*, Washington, D.C.: A Division of Congressional Quarterly Inc., 1997, pp.293-324.

款去从事大量的对外政策活动。①

近年来国会政治结构的变化，也给国会和总统之间的关系带来影响。研究者们所获得的基本观点是，当两党处于合作或达成共识时，总统往往得以控制国家对外政策的制定权；一旦两党发生政策分歧以及宪法上的制约力受到削弱时，总统和国会在对外政策上的冲突就会加剧。有评论者认为，美国对外政策制定过程中出现党派政治化，它更符合美国历史中的民主规范，而不是例外现象。② 不过，党派冲突日益加剧对总统执行对外政策的能力构成严重影响。非党派及利益集团因素是短暂的，党派对立则是长期行为，更具有延续性和破坏性。国会议员通常是本党派的忠实成员，支持本党同僚在对外政策问题上的立场。因此，"总统不可能忽视党派对手在对外政策领域提出的要求和抱怨"③。

冷战结束后，国会和总统的关系发生变化。研究

---

① Barry M. Blechman, "The Congressional Role in U.S. Military Policy", *Political Science Quarterly*, 1991, Vol.106, No.1, p.31.
② Thomas E. Mann, ed., *A Question of Balance: The President, the Congress, and Foreign Policy*, Washington, D.C.: The Brookings Institution, 1990, pp.2-3.
③ Paul E. Peterson, "The International System and Foreign Policy", in Paul E.Peterson, ed., *The President, the Congress, and the Making of Foreign Policy*, Norman: University of Oklahoma Press, 1994, p.10.

者们试图揭示这种关系变化在对外及安全政策领域的基本模式。一种观点认为,每当大的战争(包括冷战)结束后,总统和国会之间的关系趋于发生戏剧性变化,即国会的权力相对加强。至少有四个因素可以决定两个权力之间的关系发生相对变化的程度:(1)对战后安全威胁来源的认识;(2)对刚结束的战争的看法;(3)战后的国家经济状况;(4)在对外及安全政策领域,行政部门与国会打交道的方式。有评论者指出,冷战结束不仅改变了国际安全的环境,而且改变了国会和总统在国家安全领域的沟通方式。国会权力在后冷战时期安全领域的某些方面得到加强,而在另一些方面则被削弱。[1]

还有一些研究者把美国对外政策进行分类,探究国会和总统在不同类型政策中的权力关系。他们把全部的美国对外及防务政策大体分为如下三种类型。第一种是危机型政策,指对美国国家利益构成直接威胁并需要立即做出反应,它要求决策者在极有限时间内采取行动,往往涉及动武。第二种是战略型政策,具体指美国对外及防务政策的目标及战术。在外交事务方面,它规定着美国与别国关系的性质,比如,美国是否

---

[1] Jeremy D. Rosner, *Congress*, *the Executive Branch*, *the New Tug-of-War*, *and National Security*, Washington, D. C.: A Carnegie Endowment Book, 1995, pp.31-33.

应该在人权问题上对另一个国家施加压力;在防务方面,它确定美国军事力量的基本使命等。第三种是结构型政策,涉及装备及物资的采购、部署和组织等。研究结果认为,不同的政策类型涉及国会和总统不同程度的参与和压力。危机型政策比较罕见,由于时间紧迫且具有需要做出快速反应这一特点,其制定权主要由总统占支配地位。在战略型政策方面,国会和总统一般共同参与政策制定,但政策倡议往往由总统方面提出。这种政策倡议的能力表明总统在此类型政策中处于决策优势。在结构型政策制定过程中,总统的权力最为脆弱,国会则可以发挥较大的影响力。①

也有研究者把美国对外政策问题分为四个大类:(1)象征/礼仪类,如承认外国政府、接待外国使节和首脑;(2)危机类;(3)战略类,它又可以分为战略性不突出类和战略性突出类,前者如核武器及技术扩散问题,后者如军售问题;(4)国际国内问题相交织类,如最惠国贸易地位问题。在前两类政策问题中,总统权力基本上占据主导地位;在战略性不突出类政策中,国会和总统偶尔会发生冲突;在第四类和战略性突出类政策

---

① Randall B. Ripley and James M. Lindsay, eds., *Congress Resurgent: Foreign and Defense Policy on Capitol Hill*, Ann Arbor: The University of Michigan Press, 1993, pp.18-22; James M. Lindsay, *Congress and the Politics of U.S. Foreign Policy*, Baltimore: The Johns Hopkins University Press, 1994, pp.147-159.

上,国会和总统的冲突会日益增加。①

还有研究者把国会回应总统对外政策的方式归纳为四种情形:顺从、抵制、拒绝和独立。在顺从情形中,国会依从总统的对外政策,国会议员听从总统的要求,于是,总统从国会那里获得他所想要的东西。它尤其体现在总统的对外战争政策中。在抵制情形中,国会对总统的对外政策要求提出修订,或者说并不完全接受总统要求,总统只是获得他所想要的部分东西。它经常表现在贸易政策方面。在拒绝情形中,国会拒绝同意总统的要求。它在人事任命方面经常出现,如参议院拒绝总统对候选人的提名。在独立情形中,国会把总统的对外政策要求和建议放在一边,提出国会自己的对外政策议程。从这个意义上讲,国会的行动是独立的,它不顾来自总统方面的考虑和反对。②

由于受国际政治理论的影响,还有研究者从国际体系角度理解美国政府的对外政策行为。例如,有研究者对 20 世纪美国政府对外政策活动进行考察,把着眼点放在美国国内政治和制度如何受制于国际事件的

---

① Martha Liebler Gibson, *Weapon of Influence: The Legislative Veto, American Foreign Policy, and the Irony of Reform*, Boulder: Westview Press, 1992, pp.53-59.
② James M. Scott and Ralph G. Carter, "Acting on the Hill: Congressional Assertiveness in U.S. Foreign Policy", *Congress & The Presidency*, 2002, Vol.29, No.2, pp.154-155.

影响之上,指出"尽管国内政治在对外政策行为方面起作用,但是,影响美国对外政策的最重要问题(往往)具有国际环境的影响"。① 根据这一观点,国际环境构成影响美国对外政策行为的一个重要变数,它摆脱了人们传统上惯于从国内层面探讨美国对外政策的情形。于是,国会对外政策行为可以放在国际层面加以考察。② 当对外关系领域出现重大且突出的问题时,国会将强化自己的对外政策活动,包括开展政策辩论和举行听证会。随着重大问题逐步得到解决,国会的对外政策活动也随之减少。换句话说,决定和影响国会行为起伏变化的决定性因素是国际环境中的重大问题。对国际层面的重大问题给予关注,乃是考察国会在对外政策领域活跃周期的关键,因此,对国会在对外政策领域的活动做一般性的陈述或结论是不够的。

---

① Marie T. Henehan, "Long-Term Trends in Congressional Foreign Policy Behavior: Explaining Variations in Contention in the U.S. Senate in the Past and in the Future", in Donald R. Kelly, ed., *Divided Power: The Presidency, Congress, and the Formation of American Foreign Policy*, Fayetteville: The University of Arkansas Press, 2005, p.151.
② 参阅 Marie T. Henehan, *Foreign Policy and Congress: An International Relations Perspective*, Ann Arbor: The University of Michigan Press, 2000。

第二章
行政命令：最常用的单边行动工具

从历史上看，几乎每个美国总统（除威廉·亨利·哈里森之外）都使用过行政命令。他们通过行政命令颁布各种规则和政令，或者利用它进行重要的政策调整和变更。颁布行政命令在做法上方便快捷，程序简单，既可避开国会的参与和咨询，也不需要社会公众的关注和参与。在这些有利因素的驱使下，美国总统们显然非常乐于使用行政命令这一行政工具。

在一个权力分享和分立的体制里，为了能够有效地实现自己的政治及政策上的目标，总统往往利用所有可行的工具及战略去施加影响。作为一种重要的单边政策工具，行政命令在帮助白宫实现自己的政治及政策目标方面发挥着举足轻重作用。本章主要讨论什么是行政命令，它的功能和范围是什么，以及它在美国政治中引起的争议。

第一节 行政命令概述

在诸多单边政策工具中,行政命令是美国总统经常想到且不断使用的一种。尽管美国宪法并未明确提及行政命令,也未规定什么是行政命令,但几乎所有美国总统——从华盛顿到特朗普——都把行政命令作为一种事实上的"行政权力"加以使用。为了避免来自国会威胁否决的妨碍,或者避开国会的批准程序干扰,总统乐于使用这一单边政策工具,因为行政命令无须送交国会审议。

所谓行政命令(executive order, EO),一个传统的定义是,它是一种书面文件,通常是总统要求或授权行政部门及下属机构采取一定的行动而发出的指示。[1] 还有一种理解是,行政命令是在宪法或法律的授权下,总统针对管理联邦行政机构运行而发出的指示。由于美国宪法或法令赋予总统享有行政权威,行政命令——作为总统做出的指示或规定——乃被视为具有法律作用及效力。与行政命令相似的另一个单边政策工具是总统公告。一般认为,前者主要针对政府部门官员和机构,并不直接针对公民个人;后者则在大多数

---

[1] Kenneth R. Mayer, *With the Stroke of Pen: Executive Order and Presidential Power*, Princeton: Princeton University Press, 2001, p.4.

情况下主要针对公民个人的行动。不过,实际情形有时更为复杂,这种划分并非总是那么清晰。

行政命令的形式经历着不断的变化。从历史上看,最初的行政命令往往是总统在文件材料或地图空白处写下的譬如"同意""可行"之类的批语,表示总统权威给予的正式批准。签字者有时并非总统本人,而是国务卿或内阁其他官员。[①] 直到1873年,尤里西斯·辛普森·格兰特才对行政命令的书写形式做出统一规范,后来的总统也先后对行政命令的形式及产生流程给予改进。1929年,胡佛颁布一项命令,确立了一套旨在有利于行政命令发展的程序,后来的总统在此基础上不断修改完善行政命令的程序。1962年,约翰·肯尼迪颁布了一项旨在进一步规范行政命令的行政命令(EO 11030),该行政命令后来经过多次修订。目前行政命令的形式、起草、提交、审核、公布等事项"都在修订后的11030号行政命令中有相应规定"[②]。

一般地讲,行政命令既可由政府部门起草,也可由管理及预算办公室或者总统(白宫)起草。非白宫起草的行政命令先送交管理及预算办公室,获得批准后送

[①] Phillip J. Cooper, *By Order of the President: The Use and Abuse of Executive Direct Action*, Lawrence: University Press of Kansas, 2002, p.17.
[②] 贾圣真:《总统立法——美国总统的"行政命令"初探》,《行政法学研究》2016年第6期,第113页。

交司法部供其考虑文本的合法性,再送交联邦登记局备文。在完成了所有这些程序后,提议中的行政命令或公告送交总统签字。一项行政命令经总统签署后,由白宫将其送至联邦纪事办公室(Office of Federal Register)。该办公室按顺序对每份行政命令进行编号,然后将其公开发表在《联邦纪事》(*Federal Register*)上。

《联邦纪事》是美国国内一份重要但却很少引人关注的出版物。它每日出版(除节假日外),刊登联邦法律、行政法规、总统文件以及涉及联邦政府各个部门项目或活动的说明、公开听证会告知等。1935年,国会通过《联邦纪事条例》,授权国会档案馆负责出版这份由联邦政府用纳税人的钱所办的出版物。为了管理《联邦纪事》的出版发行等事务,国家档案馆专门成立了下属的联邦纪事办公室,所有联邦部门的法令法规以及总统文件(除非保密需要),经该办公室报备后在《联邦纪事》上发表。此时的行政命令被认为具有约束力,也意味着具有像国会通过立法一样的强制力。

要了解全部的行政命令是有困难的,因为直到1907年美国政府才开始对行政命令进行编号。当时,国务院从已存档的行政命令文本入手,依时间顺序对它们进行编号。1862年林肯颁布的一份在路易斯安那州建立军事法庭的行政命令被编为第1号。由于各种原因,在此之前的许多行政命令被置于这个编号系统之外。

一般认为,总统颁布行政命令的权力主要来自三个方面。一是来自宪法的规定。宪法尽管没有明确提及行政命令,也无明确条款授权总统签署行政命令,但是它的第二条规定"行政权力赋予美利坚合众国总统",总统"应确保使法律切实执行"。这些条文被视为总统颁布行政命令的宪法基础。为了确保法律的实施,总统可以采取一切必要手段,包括颁布行政命令。二是来自国会立法与授权。总统具有确保行政部门履行法律的职责。在法律条款及国会的特别授权范围内,总统享有制定规制政策的裁量权,通过颁布行政命令的方式,以确保特定的法律得到忠实地执行。也就是说,总统不可以利用颁布行政命令而创设一项新的法律,或者占用任何来自国库的拨款,因为立法权和拨款权均来自国会。三是来自总统职位的实际运作及总统工作本身的固有权力和默示权力。固有权力乃是无须以其他权力作为依据而独立存在的权力;默示权力则指宪法中并未特别注明,但可对其"弹性条文"做出广义解释而合理推断出来的权力。总统可利用这两种权力颁布行政命令。有评论者指出,这三者之间"存在一定的重合,而且相互影响,共同支撑着状态行政命令的合法性"①。

当然,利用行政命令指示行政部门采取行动,并不能超越国会和宪法所确立的范围之外。一项行政命令的颁布应该建立在宪法或国会授予总统拥有的权力之上。若该命令具有坚实的宪法基础,或者得到来自国会立法所赋予的权力,这项行政命令就具有法律效力。不过,对于一些具有"弹性的"法律条文,总统往往会不经国会同意而采取单边行动。

行政命令固然具有与联邦法相似的效力,但是它的影响并不一定长久,其原因主要在于以下三点。首先,尽管在不违背宪法的前提下,一项行政命令不能被轻易废除,并具有与国会立法的类似地位,但是总统——作为行政命令的颁布者——可以撤销或修改所颁布的行政命令,也可以通过颁布新的行政命令来取消前任颁布的行政命令。奥巴马刚上任便签署一项行政命令(EO 13489),对卸任总统和副总统保留执政期间敏感档案不公开的特权给予限制,从而废除了布什2001年颁布的关于认定《总统档案法》适用于"副总统行政记录"的行政命令(EO 13233)。

其次,国会若对总统行政命令存有异议,可以通过一项新议案推翻行政命令,或者通过缩减财政拨款等

---

① 贾圣真:《总统立法——美国总统的"行政命令"初探》,《行政法学研究》2016 年第 6 期,第 132 页。

方式对其加以制约。国会通过议案方式推翻总统行政命令的做法固然可行,但在政治程序上却难以实现,因为总统手里握有对议案加以否决的权力。

最后,如同法律一样,行政命令受制于司法审核。若行政命令涉嫌违背宪法,国会可将该行政命令诉诸美国最高法院,要求将其废除。若被裁定某项行政命令违宪,最高法院或地方法院可以对其加以废除或撤销。历史上,美国最高法院先后推翻过两个行政命令。在"杨斯敦钢管公司诉索耶"(*Youngstown Steel & Tube Co. v. Sawyer*)案中,最高法院裁定,杜鲁门要求将美国所有炼钢厂置于联邦政府控制下的行政命令(EO 10340)违宪。该行政命令违反了宪法里有关必要程序条款,因为行政部门征用私营财产并未获得国会授权。在"商会诉赖希"(*Chamber of Commerce v. Reich*)案的裁决中,最高法院最终认定,1995年克林顿颁布的一项行政命令(EO 12954)因违反《全国劳工关系条例》(National Labor Relations Act)而无效。该行政命令规定,若某个职位因合法的罢工而暂时空缺,雇主不得另行雇佣其他人员代替参与罢工的职工,否则,将丧失与政府签订采购合同的资格。商会认为该行政命令侵犯了雇主的利益,因此提出上诉。法院认为,本案中争议的行政命令直接和《全国劳工关系法》相冲突,该法承认私人雇主对罢工工人的解雇权,并未要求雇主为参与罢工的工人保留工作岗位。依据法律优先适用原则，《全国劳工关系法》应该得到优先适用。

一般认为，美国总统行政命令只是一种公文形式，其中大量的行政命令属于例行公事文本，并不具有实质性的重要含义。有些行政命令的出台只是总统在国会不愿意通过白宫想要的法案时的应对之举，还有些则是表达总统对一些重要议题的看法，并不特别引人关注。不过，也有一些行政命令堪比国会的立法，在美国历史上产生过举足轻重的影响并带来重要的政策后果。在参议院拒绝支持美国与多米尼加之间的一项条约(该条约允许美国控制该国的海关)之后，西奥多·罗斯福于1905年颁布一项行政命令，不惜违背美国公民所信仰的自由和民主价值为代价，单方面地推行自己的政策主张。1939年，富兰克林·罗斯福利用一项国会立法授权签署一项行政命令(EO 8248)，依据该行政命令所创设的总统行政办公室，成为现代美国总统强势权力的重要基石。他还颁布了一些对美国民权及民主价值构成挑战的行政命令，譬如，1942年"珍珠港事件"爆发后，美国民众的反日情绪迅速高涨，他以"国家安全"为名颁布一项行政命令(EO 9066)，设立日裔美国人拘留营并将他们关押其中直至战争结束，在历史上给自己的声誉留下有争议的一笔。1952年，哈里·S.杜鲁门以朝鲜战争为名，签署行政命令

(EO 10340),指示商务部部长索耶"征用"民营钢铁厂,引发钢厂业主们抵制和国会的强烈不满。这一事件促成了20世纪国会和总统关系史上一项重要的法院裁决,即"杨斯敦钢管公司诉索耶"案裁决。不过,1948年,杜鲁门颁布的有关废除军队种族隔离的行政命令(EO 9981)却使自己的声誉得到提升。该命令的言辞简洁:"军队中所有人不分种族、肤色、宗教或民族血统,待遇和机会平等。"在此之前,美国军队在培训、工作甚至战斗中按种族区分团体。

简而言之,自乔治·华盛顿以来,美国总统颁布了成千上万份行政命令,它们反映并叙述着美国历史,记录着每个总统的目标以及他所任职的那个时代。

第二节 行政命令的功能及范围

国会的一项议案成为法律需要经过严格的程序,包括最后送交总统签字同意;总统行政命令则无需经国会批准,且在较短时间内就可以被颁布和执行,尤其在紧急情况下,"总统会倾向于签署行政命令作为应变的施政措施"[①]。显然,颁布行政命令在做法上方便快捷,程序简单,既可避开国会的参与和咨询,也不需要社

---

① 张金勇:《美国总统行政命令》,《当代美国评论》2018年第3期,第115页。

会公众的关注和参与。在这些有利因素的驱使下,美国总统们显然非常乐于使用行政命令这一行政工具。

从历史上看,几乎每个总统都颁布过行政命令,而且其数量不断增加。哈里森上任后一个月便去世,是唯一没有颁布过行政命令的总统。1789 年,华盛顿签署第一份行政命令,指示行政部门各负责任人递交部门如何运作的报告。从那时开始到 1907 年,美国总统颁布的行政命令总数大约是 2 400 份。[①] 自 1908 年以来,行政命令的数量激增,表明 20 世纪美国总统权力不断膨胀。富兰克林·罗斯福是唯一任期超过两届的总统,创下颁布行政命令数量(3 721 份)的最高纪录,其中许多行政命令确立了他执政期间"新政"改革的核心内容。其次是其任期经历第一次世界大战(以下简称"一战")的威尔逊,八年内共颁布行政命令 1 803 份。这种"帝王般""战争总统"的权力在战后得到一定程度的规范和限制。随着冷战结束,总统的行政权力再度膨胀,行政命令的数量也呈总体不断增加的趋势(如表 2-1 所示)。

2017 年特朗普入主白宫后立即采取单边行动,三周内创纪录地签署了 11 项行政命令,对一系列新的内

---

① History. Com Editors, "Executive Order" (November 17, 2017; updated August 21, 2018), History, https://www.history.com/topics/us-government/executive-order, retrieved November 23, 2020.

政与外交政策进行规范和实施。

表2-1 美国总统行政命令数量(1993年1月—2021年1月)

总统	年份	行政命令	数量(份)
比尔·克林顿	1993—2001年	编号从12834至13197	364
乔治·沃克·布什	2001—2009年	编号从13198至13488	291
贝拉克·奥巴马	2009—2017年	编号从13489至13764	276
唐纳德·特朗普	2017—2021年	编号从13765至13984	220

数据来源：笔者根据"联邦纪事"网站（www.federalregister.gov）的数据制成本表。

从功能上看，作为总统行使行政权力的一种方式，行政命令既是一种政策工具，也是一种立法手段。一方面，随着国会议案经总统签署成为法律，对该法律及相关政策的实施便落在行政部门身上。总统负责确保一定的法律和政策能够得到有效执行。行政命令作为一种重要的工具，总统利用它对特定法律及政策的具体执行进行管理和指导，包括向行政部门官员布置任务并做出具体安排，或者重组行政部门管理架构，如创设或废除行政部门的下属机构。总统也会利用它对白宫的某项决策给予说明，谋求在宪法允许的范围内做出重大的政策选择或改变。另一方面，颁布行政命令具有类似于立法的功能，即所谓行政立法。从这个意义上讲，行政命令成为总统提供的一种立法文件。一些评论者认为,通过制定一定的规则和规章,行政命令充当着隐蔽的、类似于法规的作用。说它是"隐蔽的",因为立法权实际属于国会,总统和行政部门负责执行法律。说它是"类似于",因为它对行政部门机构的行动提供规则和章程,使白宫制定的政策能够得到忠实的执行。① 有些行政命令甚至具有对社会和公民行为进行规范的功能。

此外,总统也利用颁布行政命令的方式,指示行政部门下属具体执行国会通过的立法,譬如,在签署《2010年患者保护和平价照顾条例》使其成为法律后不久,奥巴马颁布一项关于建立禁止将联邦资金用于堕胎的机制的行政命令(EO 13535),从而与先前的"海德修正案"——在大多数情况下禁止联邦资金资助堕胎——在内容上保持一致。在规定政策执行方面,这两个行政命令充当着类似于签字声明②的作用。

从范围上看,行政命令涉及内容广泛,从行政部门管理、国防军事政策、对外事务、战争及紧急权力,到劳工、贸易以及其他国内政策。关于总统如何使用行政命令,有研究者把它归纳为九个方面:(1)向行政部门

---

① 参阅张千帆:《行政权力的政治监督——以美国行政法为视角》,《当代法学》2007年第5期;汪全胜:《美国行政立法的成本与效益评估探讨》,《东南大学学报》(哲学社会科学版)2008年第6期。
② 关于总统签字声明的探讨,详见本书第四章。

下属机构发布指示的工具;(2)对通常属总统管辖领域的政策进行决策;(3)对规则提出倡议或指导;(4)向行政部门机构或官员授权的工具;(5)行政部门机构重组的工具;(6)对联邦人事的管理;(7)对军队的控制(如确立军规或管理军事资源);(8)对外政策的工具;(9)对物资的预留或管理及分拨。①

归纳地讲,作为总统单边行动的一种工具,行政命令常见于(但不局限于)以下几种情况。

1. 作为对行政部门进行管理和规制的工具

除了授权行部门机构或官员采取一定的政策行动之外,总统还利用行政命令对联邦行政人员进行管理,包括他们的编制、薪水、休假、退休等事宜。如前所述,行政命令也被用于设立或重组行政部门机构,以增强白宫对行政部门官员执行政策以及可能带来政策后果的管控和驾驭能力。历史上,有些总统利用行政命令创设新的机构、废除现存机构或者对其进行重组,譬如,1961 年肯尼迪签署一项行政命令(EO 10924),授权建立和经营和平队;尼克松利用行政命令成立环境质量内阁委员会;克林顿入主白宫后颁布的第二份行政命令(EO 12835)乃是创设全国经济委员会;作为对

---

① Phillip J. Cooper, *By Order of the President: The Use and Abuse of Executive Direct Action*, Lawrence: University Press of Kansas, 2002, pp.21-37.

"9·11"事件的回应,小布什签署行政命令(EO 13228)创建国土安全办公室。

总统还会对先前总统的行政命令进行修改乃至废除。1981年,里根签署一项行政命令(EO 12333),旨在扩大美国情报机构的权力和责任,并指示美国联邦机构负责人与中央情报局充分合作。为了加强对美国情报界的管理,布什于2004年颁布一项行政命令(EO 13355),对第12333号行政命令进行修改。2008年,他再次对这份1981年的行政命令进行重大修改,通过一项新的行政命令(EO 13470)以强化国家情报总监的权力和作用,赋予国家情报总监在任命或解除高级情报官员问题上的更大影响力。2016年,奥巴马颁布行政命令(EO 13742),解除针对缅甸的经济制裁,包括取消对进口缅甸硬玉和红宝石的禁令以及对银行的限制,宣布停止实施先前政府依据《国际紧急经济权力条例》和《国家紧急条例》等法律而颁布的制裁缅甸的诸行政命令,以及结束经济制裁。

2. 作为制定对外及安全政策的工具

总统一直认为白宫在对外政策领域占有主导地位。采取单边行动是总统寻求支配国家对外政策制定的重要方式。因此,总统往往通过签署行政命令的方式强化对自己在国家对外及安全政策方面的主导权。1993年,克林顿入主白宫不久,面临每年一度给予中国最惠国地位的辩论,民主党多数议员继续主张在此问题上对华提出附加条件。为了掌握对华政策制定的主导权、避免与国会直接冲突,克林顿以签署行政命令(EO 12850)的方式,单方面地把中国最惠国待遇延长12个月,并将它与人权条件挂钩。①

3. 作为用于宣布国家进入紧急状态的工具

美国宪法并没有规定总统享有宣布国家紧急状态的权力,但赋予国会一定的紧急权力,如暂停人身保护令享有的特权。然而,国会"面对国家紧急状态时,议事决策慢且效率低",遇国会休会期更是如此。② 因此,国会一直以立法的方式赋予总统行政紧急权,使得总统可在不经国会同意的情况下宣布国家紧急状态,进而采取行政手段以应对所谓的紧急状态。1917年,国会通过的《与敌贸易条例》(Trading with the Enemy Act)是这方面具有奠基性的法律。它授权总统在战时有权监督、限制和调整与敌国的所有贸易关系。1933年,为了应对经济危机,国会通过《银行紧急救济条例》(Emergency Banking Relief Act),进一步扩大了《与敌贸易条例》的范围,即包括一切的国家紧急状态,

---

① 钱益明:《1994年中美最惠国待遇问题分析》,《国际经贸探索》1994年第2期,第11页。
② 江振春:《美国"国家紧急状态"的前世今生》,《世界知识》2019年第4期,第67页。

而不仅仅是战争期间宣布的紧急状态。这样一来,总统便不断以"国家紧急状态"为名,避开国会的参与和监督,采取各种行政行动以实现自己的政治及政策目标。

到了20世纪70年代中期,随着美国卷入越南战事、暗杀外国政要、非法国内监听和"水门事件"等滥用行政权力事件被公开于众,国会寻求对不断膨胀的总统权力加以限制。1976年和1977年,国会先后通过《国家紧急条例》(National Emergency Act)和《国际紧急经济权力条例》(International Emergency Economic Powers Act)就是这方面的例子。这两个条例具有从属关系,后者是从前者的一个条款细则延伸出来的,主要应对来自"国际的威胁"。国会授权总统在国家处于"不寻常且极其严重威胁"的情况下,可无须先得到国会批准而宣告国家进入紧急状态。总统可以实施一系列的投资限制,如限制外币交易、银行机构的款项进出乃至冻结或没收资产等。国会旨在利用这对"姐妹法"制约总统的行政紧急权,"但事后看来似乎效果有限"。[1]

自1976年以来,在"国家紧急状态"的名义下,总统颁布了一系列的行政命令,其内容主要涉及对外政策尤其对外国的制裁,譬如,阻断伊朗政府资产(EO

---

[1] 赵炳昊:《谁赋予特朗普权力封杀 TikTok?》(2020年8月5日),大公网,http://www.takungpao.com/finance/236134/2020/0805/483194.html,最后浏览日期:2020年11月23日。

12170)、进一步禁止与伊朗的交易(EO 12211)、阻断"南斯拉夫政府"资产以及塞尔维亚和黑山政府资产(EO 12808)、禁止在缅甸的新投资(EO 13047)、阻断苏丹政府资产并禁止与苏丹交易(EO 13067)、禁止与塔利班交易(EO 13129)等。最近的例子是特朗普援引《国际紧急经济权力条例》和《国家紧急条例》的授权,于2019年5月签署一项行政命令(EO 13873),禁止美国企业使用可能危害美国国家安全的外国企业提供的电信设备。同日,美国商务部将中国企业华为以及70家相关企业列入有可能对美国安全造成威胁的"实体名单"。

由于总统往往战略性地利用单边行动,因此,从内容(而非仅从形式)上对行政命令给予关注是重要的。以公共政策制定为例,总统在采取单边行动之前,会考虑一定的选民(如妇女、少数族裔、白人、环境保护主义者)和机构(如劳工组织、环保组织)的可能需求,或者预估采取单边行动可能带来的公众影响。在许多情况下,总统会利用行政命令去赢得不同选民的公开支持。

影响总统使用行政命令的动因各有不同。除了总统的支持率、国民经济状况、白宫的政党控制、选举环境(如中期选举和政治大选年)之外,国内政治极化和联邦政府状况显然也是一个重要动因。一种观点认为,总统颁布行政命令是为了绕开国会对有关公共政策制定的干预和阻挠。① 也有观点认为,更多的行政命令是在联邦政府合作而不是分裂期间颁布的。② 也有观点认为,联邦政府处于合作以及国会内部意识形态淡化时,"总统更有可能签署象征性和例行公事的行政命令";相反,若总统和国会的政策选择相去甚远,总统会颁布更多更具实质性的"政策命令"。③

简而言之,行政命令是美国总统乐于使用的一种政策工具。除了使用起来方便和快捷之外,它还能给白宫带来诸多好处,譬如,通过颁布行政命令,总统可直接且快速地处理重大政策难题;直接管理和控制行政部门及官员的行动;对先前的政策做出重要调整或

---

① Christopher J. Deering and Forrest Maltzman, "The Politics of Executive Orders: Legislative Constraints on Presidential Power", *Political Research Quarterly*, 1999, Vol.52, No.4, pp.767-783.
② Dennis W. Gleiber and Steven Shull, "Presidential Influence in the Policy-Making Process", *Western Political Quarterly*, 1992, Vol.45, No.2, pp.441-468; George A. Krause and David B. Cohen, "Presidential Use of Executive Orders, 1953-1994", *American Politics Quarterly*, 1997, Vol.25, pp.458-4881; Kenneth R. Mayer, "Executive Orders and Presidential Power", *The Journal of Politics*, 1999, Vol.61, No.2, pp.445-466; Adam L. Warber, "Public Outreach, Executive Orders, and the Unilateral Presidency", *Congress & Presidency*, 2014, Vol.41, pp.269-288.
③ Jeffrey A. Fine and Adam L. Warber, "Circumventing Adversity: Executive Order and Divided Government", *Presidential Studies Quarterly*, 2012, Vol.42, No.2, p.272; Yu Ouyang and Richard W. Waterman, "How Legislative (In) Activity Impacts Executive Unilateralism: A Supply and Demand Theory of Presidential Unilateralism", *Congress & Presidency*, 2015, Vol.42, pp.317-341.

改变,或者发起新的政策倡议;利用宣布"国家紧急状态"为采取行政行动提供正当性;避开国会而推行一项可能有争议的政策;争取获得民意的支持等。不过,滥用行政命令或使用不当也会带来潜在的政治风险,包括制造和加剧总统和国会之间的权力紧张、削弱行政部门下属机构的信赖度和效率、侵蚀现存联邦法律体系等。

第三节 关于行政命令的争议

长期以来,总统的行政命令权力也一直备受争议。对这一权力的批评来自不同方面,包括国会议员、媒体、学者甚至总统本人。譬如,胡佛曾在回忆录里批评富兰克林·罗斯福利用行政命令扩大自己的总统权力,认为罗斯福在和平时期大量使用行政命令,仅在第一任总统期间就颁布了 1 486 份这类命令。[①] 然而,胡佛本人执政期间(1929—1933 年),白宫颁布了 968 份行政命令。在一些历史学家眼里,胡佛是一个消极和"无所作为"的总统,因为他没有能够引导美国人民克服经济大萧条。但在使用行政命令方面,他同样是一个积极利用行政特权的总统。

---

① 参阅 Herbert Hoover, *The Memoirs of Herbert Hoover: The Great Depression 1929-1941*, Eastford: Martin Fine Books, 2016。

胡佛对罗斯福的批评不是孤立现象。2000年总统大选期间，布什批评克林顿趁共和党即将主导国会的前夕，在自己执政的最后时刻利用行政命令等单边工具为民主党的政策服务。布什声称若自己当选总统，将对克林顿政府采取的诸多单方面行政行动给予重新评估。同样地，一旦入主白宫，他也意识到行政命令是一种强有力的行政工具，可以帮助政府实现重要的政策目标。布什宣誓就职总统后的第九天，便颁布行政命令（EO 13198和EO 13199），发起旨在鼓励宗教机构在全国范围内支持联邦政府对社会福利问题的重视。"9·11"事件发生后不久，他签署一项行政命令（EO 13228），以反恐战争为名创设国土安全办公室及国土安全委员会。在意识到行政命令是如此重要且便捷的政策工具后，他对克林顿颁布行政命令做法的批评也随之消失。

在美国，几乎没有哪个候选人像当年的特朗普那样，对总统行政命令给予如此激烈的批评。他曾指责总统行政命令是"权力的把柄"、一个"根本性灾难"。早在2012年，特朗普就发推特质问："奥巴马为何把经常颁布行政命令作为特权把柄"？这种批评一直持续到他参与总统大选。2016年2月，他在南卡罗来纳州竞选站称，"这个国家不应该建立在行政命令的基础上"。"如今，奥巴马习惯签署行政命令。他甚至无法与民主党人相处,他惯于签署所有这些行政命令,这是一个根本灾难。你不能这样。"①然而,他入主白宫后也立即采取单边行动,三周内创纪录地签署了11项行政命令,对一系列新的内政与外交政策进行规范和实施。在总统任期的每一年里,他所颁布的行政命令在速度和数量上均超过其前任奥巴马。特朗普显然也学会了他的前任们的发现:利用行政手段绕开国会是一种更方便、更令人满意的做法。可以说,一些总统候选人在竞选时并未意识到单边行动的作用,或者出于竞选需要而批评对手"滥用"行政特权。一旦自己成为总统,他们立刻意识到在联邦政府里办成事情多么困难,单边行动则是总统实现自己政治及政策目标的最好途径。

总统行政命令也会引来国会的猜疑和挑战。克林顿执政时期,一些国会议员曾推动一项旨在对行政命令加以制约的立法,其目的"是要把一些行政部门的立法收回立法部门"。② 在众议院提出的《恢复权力分立条例》里,一个核心问题是,国会是否应该把总统行政命令视为对国会立法权的一种威胁。如果是肯定的

---

① Donald Trump, "Campaign Speech" (remarks at the rally of presidential campaign at Charleston, South Carolina, February 19, 2016), https://www.c-span.org/video/? 404947-1/donald-trump-campaign-rally-charleston-south-carolina, retrieved October 10, 2018.
② Adam L. Warber, *Executive Orders and the Modern Presidency: Legislating from the Oval Office*, Boulder: Lynne Rienner Publishers, 2006, p.106.

话,那么国会应该如何回应总统的这种政策工具呢?国会可以有两种选择去制约行政部门。一种选择是利用话语去挑战行政部门。国会议员可以利用各种场合发表不同的言论去制约行政命令,如国会的全体会议辩论、委员会和小组委员会听证会、议员竞选期间针对具体的行政命令而发表的评论、记录到《国会纪事》里的议员声明、正式的新闻发布等。另一种选择是国会利用自身的立法权"废除或修改现存的行政命令"。不过,这种选择并不能够确保政治上的一定成功。国会两院固然可以通过新的立法,推翻或修改行政命令中的政策内容,但是总统有权否决任何挑战行政命令的议案。2001年年初,来自乔治亚州的共和党籍众议员鲍伯·巴尔(Bob Barr)提出《2001年限制总统命令条例》(H.R.23),该条例承认总统有权颁布行政命令、公告和其他形式的指令,只要这些政策陈述是在宪法及法律所规定的行政权范围之内,而且国会可被允许对一些总统命令进行审核。

下面是国会做出实际努力的一个例子。在任期只剩下14个月的时候,出于实际的国家安全利益考虑,奥巴马打算颁布一项行政命令——这被认为是他任期内最强有力地使用这一权力——单方面宣布关闭设在古巴关塔那摩的美国联邦拘留设施。关塔那摩属于古巴,20世纪初美国从古巴手中租借来作为军事基地。

"9·11"事件后,布什政府在这里设置了一所监狱,专门关押外国恐怖主义犯罪嫌疑人。该设施自2002年启用以来,运营费用高昂,耗掉纳税人的大量资金。2008年竞选总统期间,奥巴马曾许诺将关闭这个设施,并在上任后仅两天就签署了一项行政命令(EO 13492),计划启动程序在"不超过一年的时间内关闭关塔那摩监狱"。然而直到奥巴马第二届任期还剩下一年,这所监狱仍未关闭。

奥巴马这一行政命令没有被顺利实施的阻力来自国会山。立法部门试图通过一些议案,对总统单方面打算关闭此设施的做法加以制约。在《2016年度国防授权条例》中,国会曾一致同意给国防部的拨款中附带旨在阻止白宫关闭该设施的条件,包括禁止将拘留中的恐怖分子嫌疑者带入美国。奥巴马签署了该议案,但打算在自己任期届满之前采取单边行动关闭该监狱。对于他的总统权力来说,这是一个极大的考验。这一权力在2015年11月受到打击,当时一家联邦上诉法院阻止了奥巴马关于停止遣返数百万非法移民的行政命令。当时,在法国巴黎发生了一场严重的恐怖主义袭击案,法国总统把它称为"伊斯兰国"对法国的"战争行为"。尽管国会民主党人对总统关闭关塔那摩的想法表达了温和的支持,但两院的共和党人已经开始发起抵制,声称将在各个方面对白宫发起挑战。来自科罗拉多、堪萨斯和南卡罗来纳州的共和党籍参议员发誓要使用一切可能的立法工具阻止白宫。他们认为,把恐怖主义分子放在美国本土拘留,将不得不对这些拘留设施加强警戒,不得不加强对周围社区及居民的保护,以防止其成为其他极端分子的目标。一些共和党籍参议员还试图阻碍奥巴马对新陆军部长的提名。所有这些意味着国会有能力潜在地阻挠白宫的行为。

此外,地方政府也会对总统行政命令提出挑战。乔·拜登(Joe Biden)入主白宫后签署一系列行政文件,覆盖移民、气候、能源、疫情等广泛议题,但这种单边行动遭到一些州的抵制和反对。2021年2月9日,出于对本州利益和地方社会福祉的考虑,14个州的检察署署长联名致信拜登总统,对他在拱顶石输油管道(Keystone XL pipeline)上采取的单边行动及决定表示关切。随后不久,由共和党主导的12个州对拜登颁布有关气候方面的行政命令发起诉讼,认为他并不具有宪法权威去推行有关温室气体方面的新规。这些从侧面揭示出两党政治在气候和能源问题上的分歧。

综上,总统尽管享有很大的权力,利用行政命令在一系列政策问题上"采取主动",但是,国会还是不断设法限制总统权力的膨胀。① 有评论者提出"双重行政"的概念,它基于对总统和国会之间存在权力相互联系的认识。② 一方面,通过回避国会的制衡和监督的方式,总统不断地寻求膨胀自己的行政权力;另一方面,国会仍然是不可忽视的重要部门,总统的单边行动受制于立法部门和宪法的压力,这使得总统必须经常与国会合作,把颁布行政命令视为联邦政府分享的事情,而非总统本人的单独行动。国会有时甚至鼓励总统的单边行动,只要这些单边行动符合而不是干扰国会的目的。

---

① Daniel P. Gitterman, *Calling the Shots: The President, Executive Orders, and Public Policy*, Washington, D.C.: Brookings Institution Press, 2017, p.4; John P. Burke, *Presidential Power: Theories and Dilemmas*, Boulder, C.O.: Westview Press, 2016, p.228.
② Michelle Belco and Brandon Rottinghaus, *The Dual Executive: Unilateral Orders in a Separated and Shared Power System*, Stanford, C.A.: Stanford University Press, 2017, p.175.

第三章
国家安全指令：最为隐蔽的单边行动工具

　　2013年6月，美国情报部门特工及雇员爱德华·斯诺登向世人揭露了美国政府在国家安全领域的隐私。在这一震惊世界的揭秘事件中，除了披露美国政府实施的两大秘密监控项目——针对美国普通公民的电话监听项目和针对外国人的互联网监控项目——之外，当事人还曝光了一份详细勾勒美国政府网络行动政策的绝密文件——奥巴马总统签署的第20号国家安全指令。[①]

　　什么是美国总统国家安全指令？它在美国对外及

---

① 2013年6月7日，英国《卫报》（The Guardian）公开了美国情报部门特工及雇员斯诺登提供的这份长达18页绝密文件的副本。参见 http://www.theguardian.com/world/interactive/2013/jun/07/obama-cyber-directive-full-text，最后浏览日期：2013年6月10日。

安全政策制定和执行方面发挥着什么作用？国会如何看待来自总统方面的国家安全指令？在美国政治里，总统通常有两个选择去推动自己的政策议程：一是向国会递交白宫提出的政策主张和建议，寻求国会议员对它们的理解并以立法形式给予支持；另一个是采取单边行动，通过签署和颁布各种行政指令的方式确立一定的政策方针。这里提出的问题涉及后一种选择。一般地讲，这类总统行政指令不仅带有法规的性质，而且可以回避来自国会的制约。作为总统行政指令之一的国家安全指令，它在影响和规定美国对外及军事政策方面发挥着重要作用，而且是一个经常被总统使用却又颇为隐蔽的单边政策工具。① 国家安全指令鲜为人知的原因，主要在于它们大都涉及美国国家安全战略及军事政策的敏感内容，往往被归入机密文件的范畴。

　　对于上述问题，本章拟从总统单边行动以及国会和总统关系的角度加以探讨。首先，介绍什么是美国总统国家安全指令，指出由于使用上具有随意性、保密性和灵活性，这类指令成为战后美国总统回避国会权力制约、采取单边政策行动的重要工具。随后，本章考察国家安全指令

---

① 另一个隐蔽的美国总统单边政策工具是签字声明，这是下一章讨论的内容。参阅张哲馨：《总统签署声明的发展及其对美国联邦政府权力制衡体制的影响》，《美国问题研究》2008 年第 1 期，第 125—138 页；刘永涛：《签字声明：一个鲜为人知的美国总统单边政策工具》，《教学与研究》2009 年第 7 期，第 57—63 页。

如何使用于战后美国对外及军事政策领域,并对奥巴马政府使用国家安全指令的情形给予适当观察,认为国家安全指令不仅构成战后美国对外政策史的一部分,而且一些指令引发饱受争议的美国对外政策行动,给世界政治带来复杂的后果。最后,本章分析使用国家安全指令如何挑战了美国联邦政治体制有关权力分享及制衡原则,引起国会方面对总统使用国家安全指令的不满和质疑,从而造成国会和总统之间权力关系的紧张。

第一节　总统与国家安全指令

根据美国宪法,总统充当着行政部门首脑、军事统帅、国家元首和执法领导者的角色。这些角色使得美国总统在国内外事务中享有广泛的权威。自乔治·华盛顿以来,美国总统可以在认为"有必要的情况下"签署或发布任何形式的行政指令,包括自杜鲁门政府时期以来出现的国家安全指令。美国最高法院对若干案例的历史性裁决,更是确立了美国总统享有特权颁布"对外事务"的指令,并正式承认总统采取单边行动的权力。[①]

[①] 20世纪30年代末和20世纪40年代初,美国最高法院在对三个案例的裁决中,正式承认并确立总统在对外政策领域的主导地位。这三个案例分别是"美国诉柯蒂斯-赖特出口公司"(*United States v. Curtiss-Wright Exporting Corp.*,1936年)案、"美国诉贝尔蒙特"(*United States v. Belmont*, 1937年)案和"美国诉品克"(*United States v. Pink*, 1942年)案。

所谓国家安全指令,是指美国总统给行政部门有关负责人发出的一种正式通知。它把总统在国家安全事务方面做出的决定和安排告知行政部门,并要求行政部门执行指令内容或采取行动。作为一种总统指令,它主要涉及美国的对外及安全事务,规定和协调美国外交、军事和安全领域的政策。国家安全指令的产生与1947年美国国家安全委员会的设立有关。设立该委员会旨在为美国制定对外及军事政策提供一个机构协调程序,并向总统提供国家安全政策方面的建议。有评论者认为,国家安全指令是"国家安全委会最为显著的产品"。[①] 自此以后,每个美国总统均签署经由这个委员会起草和拟订的国家安全指令。

在不同的政府时期,总统国家安全指令有着不同的称谓。杜鲁门和艾森豪威尔政府时期,它被称为"国家安全委员会政策文件"。到了肯尼迪和约翰逊政府时期,它被改称为"国家安全行动备忘录"。从尼克松政府开始,国家安全指令实行"决策指令"和"评估指令"双轨制:前者用于告知总统在国家安全领域做出的决定,被称为"国家安全决策备忘录",后者用于对具体安全政策/难题进行研究和评估,被称为"国家安全研究备忘录"。福特政府时期沿用了这种称呼。不过,到

---

① Christopher Simpson, *The Declassified History of U.S. Political and Military Policy, 1981-1991*, Boulder: Westview Press, 1995, p.2.

了卡特政府时期，"国家安全决策备忘录"简称为"总统指令"，"国家安全研究备忘录"改称为"总统评估备忘录"。里根总统把两种国家安全指令分别称为"国家安全决策指令"和"国家安全研究指令"，并且开始把国家安全指令内容扩大到国内政策领域。乔治·H.布什政府时期，国家安全指令再度更名，分别称为"国家安全指令"和"国家安全评估指令"。克林顿政府时期的国家安全指令称为"总统决策指令"和"总统评估指令"。乔治·W.布什（小布什）政府则将两类指令合称为"国家安全总统指令"。"9·11"事件后，小布什政府启动了"国土安全总统指令"，记录和通报美国总统在国土安全方面的决策。奥巴马政府把国家安全指令分别称为"总统政策指令"和"总统研究指令"，前者告知总统在国家安全事务上做出的决定，后者用于启动安全政策评估程序并推动其进程。2013年5月，奥巴马宣布开启国家安全指令的一个新类别——"总统政策指南"。特朗普政府时期，国家安全指令被统一命名为"国家安全总统备忘录"。尽管不同时期这类总统指令有着不同的名称（如表3-1所示），但它们被通称为"国家安全指令"。[①]

[①] 查阅（解密的）美国总统国家安全指令，可访问美国政府白宫网站（www.whitehouse.gov）。不过，该网站并非发表所有解密文件。也可访问美国科学家联盟网站（www.fas.org）以及美国乔治·华盛顿大学国家安全档案网（www2.gwu.edu/~nsarchiv/index.html）。另可参阅 Christopher Simpson, ed., *National Security Directives: The Reagan and Bush Administrations*, Boulder: Westview Press, 1995。

表3-1　不同时期美国总统国家安全指令的名称

总统	国家安全指令(national security directives，NSD)的名称	英文缩写
杜鲁门	国家安全委员会政策文件(national security council policy papers)	NSCPP
艾森豪威尔	国家安全委员会政策文件(national security council policy papers)	NSCPP
肯尼迪	国家安全行动备忘录(national security action memoranda)	NSAM
约翰逊	国家安全行动备忘录(national security action memoranda)	NSAM
尼克松	国家安全决策备忘录(national security decision memoranda) 国家安全研究备忘录(national security study memoranda)	NSDM NSSM
福特	国家安全决策备忘录(national security decision memoranda) 国家安全研究备忘录(national security study memoranda)	NSDM NSSM
卡特	总统指令(presidential directives) 总统评估备忘录(presidential review memoranda)	PD PRM
里根	国家安全决策指令(national security decision directives) 国家安全研究指令(national security study directives)	NSDD NSSD
(老)布什	国家安全指令(national security directives) 国家安全评估指令(national security review directives)	NSD NSRD

(续表)

总统	国家安全指令(national security directives，NSD)的名称	英文缩写
克林顿	总统决策指令(presidential decision directives) 总统评估指令(presidential review directives)	PDD PRD
(小)布什	国家安全总统指令(national security presidential directives) 国土安全总统指令(homeland security presidential directives)	NSPD HSPD
奥巴马	总统政策指令(presidential policy directives) 总统研究指令(presidential study directives) 总统政策指南(presidential policy guidance)	PPD PSD PPG
特朗普	国家安全总统备忘录(national security presidential memoranda)	NSPM

国家安全指令被认为是最为机密的美国总统指令之一。1935年美国《联邦纪事条例》(Federal Register Act)规定，总统签署的文件(除个别情况外)应该录入联邦文件公开发表。但是，后来的国家安全指令并没有被纳入该条例规定的范围内。换句话说，不同于美国总统颁布的行政命令、行政协定或总统公告等文件，国家安全指令既可以不对外公开，也无须登记入册。当然，白宫可以选择将一定的国家安全指令全文(或部分内容)公开发表，或者对外发布有关国家安全指令内

容的简报(fact sheet)。不过,许多国家安全指令仍属于机密文件或密令,"至今仍然鲜为人知"。① 不仅如此,有关国家安全指令的保密及解密政策"完全由白宫单方面规定"。② 尽管美国公民可援引国内《信息自由条例》(Freedom of Information Act)要求白宫公布政府文件,若得不到满足甚至可提出起诉,国会也可以要求白宫提供国家安全指令的副本,但是,总统往往签署国家安全指令后拒绝告知国会和民众,更不用说向他们通报这些指令的内容和细节。除了拒绝国会提出获取国家安全指令副本的要求,美国总统还拒绝派遣行政部门官员就有关话题前往国会山作证。③ 因此,在大多数情况下,美国国会和民众并不被告知某个国家安全指令的存在,直至数年后它被解密(或泄露)才知晓其存在。

可以说,尽管行政命令和国家安全指令都是由总

---

① Vikki Gordon, "Unilaterally Shaping U.S. National Security Policy: The Role of National Security Directives", *Presidential Studies Quarterly*, 2007, Vol.37, No.2, pp.350-351,353. 另参阅 Ann Marie Cunningham, "Secrets of the Presidents", *Technology Review*, 1990, Vol.93, Iss.8, pp.14-15。
② Vikki Gordon, "National Security Directive Declassification", *Government Information Quarterly*, 2010, 27, p.323.
③ 譬如,科林·鲍威尔担任总统国家安全顾问期间,拒绝就国家安全指令事宜向国会作证。参阅 Phillip J. Cooper, *By Order of the President: The Use and Abuse of Executive Direct Action*, Lawrence: University Press of Kansas, 2002, p.145。

统签署的行政文件,但不同于行政命令,国家安全指令主要是对外交及军事决策提出宏观指导,而不是对如何执行某项政策而发出具体指示,指导的对象通常是国家安全委员会以及最为资深的行政幕僚。此外,国家安全指令并不公开发表,因涉及机密而往往不被告知国会和社会民众,因此也不具有法律效力。

  对于美国总统来讲,在制定、执行和协调对外及军事政策方面,国家安全指令作为一种政策工具有如下显而易见的好处。第一,使用国家安全指令无须经过正式的联邦政府程序,也不受制于立法部门的约束。总统可以随时利用它单方面地规定和实施某项对外及军事政策,以确保白宫在具体的政策事务上掌握主导权。第二,通过签署国家安全指令的方式,总统可以秘密制定和实施某项对外和军事政策,从而回避来自国会、普通民众和社会舆论可能对该政策提出的批评和质疑。第三,由于使用上无须经过正式的程序,其文本也无须公开发表,国家安全指令成为总统处理对外及安全事务时能够灵活使用的方便工具。使用国家安全指令方面所具有的随意性、隐私性和灵活性,使得二战后每个美国总统广泛地利用这种单边政策工具,旨在没有国会权力和社会舆论的干预下推行和实现自己的对外及安全政策目标。

第二节　国家安全指令的作用

　　随着全球政治不断变化以及日益复杂、不确定的(不)安全政治环境,二战后美国对外和军事政策制定和实施面临着严峻挑战。在这种情况下,国家安全指令作为一种单边行动工具,逐渐受到美国总统青睐并频繁地使用于白宫对外安全事务中。在美国,对国家安全政策范围的定义可以很宽泛,包括外交、军事和情报政策,这可以从美国总统国家安全指令所覆盖的日趋广泛的议题中表现出来:国家安全指令内容涉及美国安全机构及部门之间的协调和配合、国家战略目标的确定、(低强度)海外秘密(军事)行动、首脑外交、核武器及其他尖端武器部署、军备出售及转让、外交谈判等。它有时也用于表达美国政府的具体政策立场和看法。从这个意义上讲,国家安全指令也是最有权势的美国总统指令之一。

　　从历史上看,不同时期的美国总统面临着不同的国内外环境,制定并执行着不同的国家安全政策。在这一进程中,国家安全指令日益成为他们回避国会权力制约、采取单边行动的政策工具。尽管国家安全指令在不同政府时期有着不同名称并得到广泛使用,但在美国对外及军事政策方面,国家安全指令所充当的工具作用却是大体相似的,具体包括如下六个方面。

第一,国家安全指令用于规定和说明国家安全机构在决策和协调方面的事宜。在大多数情况下,美国总统(像奥巴马、小布什、克林顿、老布什、里根、卡特和福特)所签署的第1号(或第2号)国家安全指令,在内容上往往涉及国家安全机构及部门组织的调整和重新安排,旨在确保新总统有能力协调、管理和控制这类机构及部门组织的工作。譬如,里根入主白宫后不久颁布一项国家安全指令(NSDD-2,1982年1月12日),明确规定国家安全委员会的职能及组织架构,提出设立一个跨行政部门的核心小组,以确保行政部门内部在对外及安全政策和情报方面做到彼此沟通和协调。再如,奥巴马在其签署的第一份国家安全指令(PPD-1,2009年2月13日)里提出,对国家安全委员会系统进行组织,并要求该委员会协助总统履行在国家安全事务方面的职责。

第二,国家安全指令用于提出美国对外政策理念及军事学说并对其发展进行评估。它旨在使广泛的战略概念思考贯穿于美国对外政策的制定过程中,使一定的对外及军事政策能够得到有效的执行。二战结束以来,几乎每个总统都把国家安全指令作为推动美国对外政策理念及战略概念发展的工具。杜鲁门政府时期出台的国家安全指令(NSC-68,1950年4月14

日)从观念上帮助建构了一幅美苏之间全面对抗的画面,由此拉开美国长期奉行冷战政策的序幕。它随后被艾森豪威尔时期的一份国家安全指令(NSC-162/2,日期不详)所取代。在一份国家安全指令(NSAM-182,1962年8月24日)里,肯尼迪政府提出实施"美国海外内部防务政策",该政策确立了冷战时期美国实践"反叛乱"(counterinsurgency)理论的基础。福特利用国家安全指令(NSDM-348,1977年1月20日),对美国国防政策及军事态势加以规定和安排,旨在做到与苏联保持战略上平衡,以避免美国处于劣势地位并使美国有足够能力保护北约。卡特以签署国家安全指令(PD-18,1977年8月24日)的方式,提出美国国家战略应该利用国内经济、技术和政治上的相对优势,并借此处理存在于美苏关系中的冲突与合作。在里根签署的一份国家安全指令(NSDD-32,1982年5月20日)里,世界政治被视为美苏之间激烈竞争的场所,于是,实现美国战略核力量现代化的观念被提出来,把确保美国核军事力量处于优势地位视为抗衡苏联对手的关键。

第三,国家安全指令用于规定和执行军事和装备部署政策、军售及武器转让。如果说战略政策决定和不断变化的全球(不)安全挑战之间存在着关系,那么,冷战时期美国战略政策重点一直放在开发和部署尖端武器系统方面。譬如,约翰逊政府曾考虑在西欧盟国部署颇有争议的美国战机的计划(NSAM-292,1964年3月25日);福特签署指令(NSDM-344,1977年1月18日)要求建造157艘新型战舰,以确保美国及其盟友具有威慑或打击苏联威胁的海上优势力量;卡特签署了冷战时期最具有争议的美国核政策指令(PD-59,1980年7月25日),谋求扩大总统本人在计划和实施核战争方面的权力;里根政府要求部署和开发一系列尖端武器系统(NSDD-12,1981年10月1日),并发起针对苏联的所谓"星球大战"计划(NSDD-116,1983年12月2日)。冷战结束后,世界政治发生重大变化,给美国对外及安全政策带来新的挑战。"9·11"事件后,小布什签署一份国家安全指令(NSPD-23,2002年12月16日),提出发展国家导弹防御计划,谋求重建美国抵御及威慑外来新兴威胁的能力。此外,美国总统还利用国家安全指令规定军售及武器转让政策。譬如,卡特试图对武器转让进行必要的限制(PD-13,1977年5月13日);里根则把积极军售作为美国对外政策战略的一部分(NSDD-5,1981年7月8日)。事实上,美国政府经常以出售武器的方式(军事)援助那些美国想扶植的政权或行为体(NSAM-290,1964年3月19日;NSDM-87,1970年10月15日;NSDM-270,1974年9月24日;NSDM-315,1976年1月31日)。

第四,国家安全指令用于发起(秘密或低强度)军事行动和指挥战役行动。肯尼迪政府发布一项国家安全指令(NSAM-31,1961年3月11日),支持一些流亡海外的"古巴人返回自己的祖国",它导致中央情报局策动了一场企图推翻古巴政府但却流产的"猪湾行动"。约翰逊利用国家安全指令,授权美国军事力量在老挝采取军事行动(NSAM-273,1963年11月23日),继续对越南北方实施军事轰炸(NSAM-314,1964年9月10日)。这些指令使得美国政府后来日益深陷印度支那战争的泥潭。在"恢复民主"的名义下,里根利用国家安全指令(NSDD-110,1983年10月23日)下令派遣美国军事力量入侵政变后的格林纳达。"伊朗门"事件的起源可追溯到里根的一份国家安全指令(NSDD-17,1982年1月4日),该指令试图绕开国会关于限制美国向尼加拉瓜反政府武装提供资金支持的《博兰修正案》。老布什入主白宫后不久,签署了一系列旨在颠覆巴拿马政权的指令(NSD-4,1989年2月22日;NSD-6,1989年3月22日;NSD-17,1989年7月22日;NSD-21,1989年9月1日;NSD-32,1989年11月30日),最终促使美国政府采取派兵入侵巴拿马的军事行动;他还签署国家安全指令(NSD-54,1991年1月15日),发起代号为"沙漠风暴"的旨在对伊拉克进行军事打击的行动,导致冷战后第一次海湾战争的爆发。

第五,国家安全指令用于实施公共外交战略或发起战争宣传或心理战。公共外交及战争宣传不仅与国家安全行动之间存在密切的联系,而且可以帮助政府实现一定的对外政策目标。于是,这类指令旨在影响国内外大众舆论,包括设法促使国会对白宫的对外政策给予支持(至少不要给予强烈反对)。越南战争期间,约翰逊不满美国国内新闻媒体获取信息的途径和内容,便颁布一份旨在发起战争宣传攻势的国家安全指令(NSAM-308,1964年6月22日),指示国务院操办并协调向新闻媒体提供政府消息来源的事宜,旨在使美国民众"全面理解"和支持美国政府的东南亚政策及目标。不久,约翰逊政府再次颁布国家安全指令(NSAM-313,1964年7月31日),重申有关越南战况的报道须经由国务院过滤,以杜绝行政部门不同机构向新闻媒体发出相互冲突和矛盾的政府信息。为了影响美国大众舆论赞成政府针对苏联的冷战政策,里根颁布国家安全指令(NSDD-77,1983年1月14日),指示成立一个特别计划小组负责"全面规划、指导、协调和监督公共外交活动的实施"。他还签署了一项国家安全指令(NSDD-170,1985年5月18日),支持针对古巴听众广播的马蒂电台(Radio Martí),旨在对古巴政府不断实施攻击和破坏。

第六,国家安全指令用于规定与国家安全相关的对外经济政策。传统上,经济政策并不被认为是美国国家安全的核心考虑。不过,随着国际政治的演变,美国安全及军事政策日益与经济成本和预算、财政管理等要素密切地联系在一起。由于国会掌管钱袋权,当总统决定回避国会议员单独制定一定的对外及军事政策时,对执行这类政策的经济和财政考虑变得尤为重要,因为采取所有对外及军事行动需要有足够的资金支撑。此外,当军事行动不能作为一种选择时,经济手段便成为帮助实现美国安全战略目标的一种工具。长期以来,古巴、利比亚、尼加拉瓜、南非、伊拉克等是国家安全指令给予经济制裁的主要对象国。在里根签署的一项涉及东西方经济关系的国家安全指令(NSDD-66,1982年11月29日)里,向苏联发起贸易战被视为美国冷战战略的一部分。对外经济援助是帮助实现美国安全战略目标的另一个工具。尼克松政府利用国家安全指令(NSDM-101,1971年3月2日)提出给予印度经济援助,包括优惠销售农产品、技术援助、发展贷款以及计划生育项目。在另一份国家安全指令(NSDM-170,1972年6月8日)里,尼克松规定了美国和中国之间开展贸易活动的事宜,旨在落实《上海公报》中有关进行双边贸易的承诺。在更早的一份国家安全指令(NSDM-17,1969年6月26日)里,尼克松——基于对广泛的对外政策考虑——决定放宽美国公民到中国旅行和购买中国货物的限制。

近年来,随着世界政治格局不断变化,美国国家安全面临新议题、新挑战。国家安全指令日益成为白宫调整国家及其对外安全战略的重要工具。奥巴马入主白宫后,利用国家安全指令单方面地规定和执行了一系列美国对外战略以及与国家安全相关的政策(及评估),包括反生物威胁的国家战略(PPD-2)、美国全球发展战略(PPD-6,PSD-7)、美国对撒哈拉以南非洲的战略(PPD-16)、有关海洋安全的国家战略(PPD-18)、国家安全领域的太空政策(PPD-4,PSD-3)、网络行动政策(PPD-20)、出口控制改革(PSD-8)、安全机构援助政策(PPD-23)等。在全球发展战略(PPD-6)里,奥巴马政府谋求把国家发展与外交及国防事务相结合,提出确保美国安全、繁荣及价值的根本途径在于寻求发展。由美国特工斯诺登曝光的国家安全指令(PPD-20),详细勾勒了奥巴马政府网络行动政策的原则、范围及目标,旨在增强行政部门对日趋复杂的网络空间的管控能力。在美国政府看来,未来的战争乃是网络空间战。有关安全机构援助政策的国家安全指令(PPD-23),则要求美国竭力帮助自己盟友及伙伴国家增强维护自身安全的能力,以便使它们能够与美国一起分担日益复杂安全环境下的(全球)责任。

特朗普执政期间更是颁布了一系列涉及空间安全政策的总统指令,包括创建美国太空部队和开发与使用太空核能与推进系统(如表3-2所示)。特朗普入主白宫不久,连续签署三份国家安全指令,要求对核态势以及弹道导弹防御体系给予新的评估(NSPM-1),对现存国家安全政策发展及决策体系进行调整,削弱参谋长联席会议主席和国家情报局长权能的同时,提升总统助手团队成员及首席战略师的决策参与地位(NSPM-2)。特朗普还签署指令要求重建美国的军事力量,拒绝与"伊斯兰国"进行和解或谈判,以达到"通过实力维持和平"的目的(NSPM-3)。特朗普政府的主要国家安全指令如表3-3所示。

表3-2 特朗普政府的太空政策指令

编号	太空政策指令 (space policy directive, SPD)题目	日期
SPD-1	重振美国载人太空探索项目(reinvigorating America's human space exploration program)	2017年12月11日
SPD-2	简化商业利用太空规则(streamlining regulations on commercial use of space)	2018年5月24日
SPD-3	国家太空交通管理政策(national space traffic management policy)	2018年6月18日
SPD-4	创建美国太空部队(establishment of United States Space Force)	2019年2月19日
SPD-5	太空系统的网络安全诸原则(cybersecurity principles for space systems)	2020年9月4日
SPD-6	利用太空核能与推进系统(use of space nuclear power and propulsion systems)	2020年12月16日

资料来源:笔者依据美国科学家联盟网站(www.fas.org/irp/offdocs/psd/index.html)的信息制作本表。

表 3-3　特朗普政府的国家安全指令

编号	国家安全总统备忘录（NSPM）	日期
NSPM-1	重建美国军事力量（rebuilding the U.S. armed forces）	2017 年 1 月 27 日
NSPM-2	国家安全委员会和国土安全委员会组织架构（organization of the National Security Council and the Homeland Security Council）	2017 年 1 月 28 日
NSPM-3	战胜伊拉克和叙利亚等伊斯兰国家之计划（plan to defeat the Islamic state of Iraq and Syria）	2017 年 1 月 28 日
NSPM-4	国家安全委员会、国土安全委员会及诸小组委员会组织架构（organization of the National Security Council and the Homeland Security Council, and subcommittees）	2017 年 4 月 4 日
NSPM-5	强化美国对古巴的政策（strengthening the policy of the United States toward Cuba）	2017 年 6 月 16 日
NSPM-7	对国家安全威胁行为体信息进行整合、分享和利用以保护美国人（integration, sharing, and use of national security threat actor information to protect Americans）	2017 年 10 月 4 日
NSPM-9	优化联邦政府信息利用以支撑国家审查部门（optimizing the use of federal government information in support of the national vetting enterprise）	2018 年 2 月 6 日
NSPM-10	美国常规武器转让政策（United States conventional arms transfer policy）	2018 年 4 月 19 日

(续表)

编号	国家安全总统备忘录（NSPM）	日期
NSPM-11	终止美国参与联合全面行动计划，采取额外行动抵制伊朗不良影响以及拒绝伊朗通往核武器之全部通道（ceasing United States participation in the joint comprehensive plan of action and taking addition to counter Iran's malign influence and deny Iran all paths to a nuclear weapon）	2018年5月8日
NSPM-13	关于进攻型网络活动（on offensive cyber operations）	2017年1月27日
NSPM-14	支持国家生物防务（support for national biodefense）	2018年9月18日
NSPM-××	保护人工智能及相关关键技术的美国优势（protecting the United States advantage in artificial intelligence and related critical technologies）	2019年2月11日
NSPM-××	铀进口对国家安全之影响和建立美国核燃料工作组（the effect of uranium imports on the national security and establishment of the United States nuclear duel working group）	2019年7月12日
NSPM-20	启动搭载太空核系统的太空船（launch of space craft containing space nuclear systems）	2019年8月20日

资料来源：笔者依据美国科学家联盟网站（www.fas.org/irp/offdocs/psd/index.html）的信息制作本表。

可以看出，国家安全指令的确在广泛的美国对外及军事政策领域发挥着重要作用。它不仅构成二战后美国对外政策史的一部分，而且给美国对外及军事政策和行动带来复杂后果。需要指出的是,一些国家安全指令规定并执行了颇有争议的美国对外及军事政策,甚至引起令世界震惊的重大历史事件。譬如,美国中情局参与策划推翻伊朗民选政府的政变(1953年)[1]、策划颠覆并推翻危地马拉民选总统的政变(1953年)、促使中情局策划流产的"猪湾行动"(1961年)、卷入日益深陷的越南战争(1967年)、支持推翻智利总统的军事政变(1973年)、引发令后来国会展开全面调查的"伊朗门"事件(1986年)。正如一位评论者指出的,在制定和执行美国对外及军事政策方面,国家安全指令有时充当着一种"破坏性工具"。[2] 由于使用不当,它不仅给它所针对的政策对象(国家以及个

---

[1] 譬如,2013年8月,美国政府情报界正式承认它参与策划了1953年伊朗政变,尽管它已经是一个公开的秘密。2000年3月,当时的美国国务卿马德琳·奥尔布赖特在一次演讲中,就美国在这场政变中所扮演的角色表示歉意[参见 Madeleine K. Albright, "American-Iranian Relations"(remarks before the American-Iranian Council, March 17, 2000), U.S. Department of States, https://1997-2001.state.gov/statements/2000/000317.html, retrieved November 25, 2020]。2009年,美国总统奥巴马在埃及开罗发表演讲,谈及美国和伊朗关系时,承认美伊之间存在着动荡不安的历史,包括冷战时期美国"扮演了推翻伊朗民选政府的角色"[参见 Barack Obama, "On A New Beginning"(remarks at Cairo University, Egypt, June 4, 2009), the White House, https://obamawhitehouse.archives.gov/the-press-office/remarks-president-cairo-university-6-04-09, retrieved November 25, 2020]。

[2] Phillip J. Cooper, *By Order of the President: The Use and Abuse of Executive Direct Action*, Lawrence: University Press of Kansas, 2002, p.143.

人)带来严重伤害甚至悲剧,而且对美国总统权力的透明、职责以及合法性(乃至对国民的安全)起到破坏作用。

第三节 国会对国家安全指令的挑战

根据美国宪法,国会和总统分享国家对外及安全政策的制定权,而且国会有权对行政部门的政策执行情况进行监督。然而,美国总统利用国家安全指令单独制定和执行国家对外及军事政策,其做法不仅制造了国会和总统之间权力关系的紧张和矛盾,因为宪法赋予国会的政策制定权及监督权在总统单边行动中被剥夺了,而且对美国联邦政治体制中有关权力分享及制衡的基本原则构成了挑战。

在美国政治中,行政特权的范围和性质一直是个颇有争议的问题,尽管最高法院曾做出过有利于总统权力的历史性案例裁决。行政特权理论认为,行政首脑的权力并不完全受制于宪法的授权,而是享有采取广泛行动的政治权威。这种理论源自英国王室特权传统。换言之,如同君主一样,总统可以把颁布各种行政命令或指令作为采取广泛政治行动的基础。反对者指出,美国宪法没有明确提及行政特权观念,因此,总统权力不应该超越来自宪法的授权。不管怎么说,行政特权的做法在美国历史上早有先例。1794年,美国和英国之间签订《杰伊条约》,乔治·华盛顿总统起初拒绝把这个情况告诉国会,当时他就持有这一行政特权的观点。

自二战以来,美国总统在对外事务中的权力不断膨胀。国会试图以立法方式制约和限制日益膨胀的总统单边对外政策行动及战争权力,但收效甚微。① 战后出现的国家安全指令,给美国国会和总统之间的权力关系制造了新紧张,成为两个权力部门之间发生冲突的一个来源。白宫方面认为,总统是行政权力的重要组成部分,在确保国家安全的名义下,可以缜密地处理涉及对外关系中的敏感事务。国会则对此给予反驳,认为立法部门有权了解和掌握总统在对外及军事政策方面的所作所为,尤其当监督这类行为属于国会职责管辖范围时更是如此。事实上,国会一直寻求在美国总统行政命令方面的立法,提出获得国家安全指令副本的要求,或者要求总统签署国家安全指令后至少应该让国会及时知晓。1973年,众议院政府行动委员会提出一份报告,指出行政部门拒绝

---

① 自20世纪30年代以来,美国国会先后通过三项旨在防止和限制总统对外政策权力膨胀的立法。它们分别是《联邦纪事条例》(Federal Register Act, 1935年)、《凯斯-扎布洛茨基条例》(Case-Zablocki Act, 1972年)和《战争权力条例》(War Power Act, 1973年)。

解密基本政策信息及安全文件所带来的难题。此后,国会两院提出一系列议案并举行听证会,要求规范总统行政命令及指令的解密程序。譬如,1988年,众议院曾提出关于总统指令及记录问责的议案(H. R. 5092),要求把国家安全指令副本纳入联邦文件登记范围。20世纪80年代后期和20世纪90年代初,(美国)总审计局应国会要求先后撰写了两份有关理解和评估总统国家安全指令的调研报告。① 该调研报告发现,大量的国家安全指令属于保密文件,国会并不能获得这些密件的副本;与行政命令不同,国家安全指令用于指导国家对外及军事政策的制定。② 因此,在一些国会议员看来,总统秘密签署国家安全指令的做法不仅篡夺了国会的宪法权力,而且损害了美国的民主制度,"在没有国会监督的情况下,利用这些指令

---

① 作为美国国会辅助机构之一,总审计局(General Accounting Office, GAO)成立于1921年,负责对行政部门各机构的开支进行例行审计,对行政机构及有关政策展开调查,并对联邦政府工作的各个方面提出建议。2004年,它更名为政府问责局(Government Accountability Office, GAO)。
② 参阅 General Accounting Office, *National Security: The Use of Presidential Directives to Make and Implement U.S. Policy* (GAO/NSIAD-89-31), Washington, D.C.: Government Printing Office, 1988; General Accounting Office, *National Security: The Use of Presidential Directives to Make and Implement U.S. Policy* (GAO/NSIAD-92-72), Washington, D.C.: Government Printing Office, 1992。

从事国家资源调动及政策制定,这简直就是在实施秘密法"①。但是,国会的努力不断遭到来自白宫方面的抵制和反对,因为白宫不希望看到行政部门对政府文件保密政策及程序的单独控制权被这些立法所取消。

于是,情形并没有得到根本的改变。大量的国家安全指令至今仍属于绝密文件,美国国会和普通民众并不知晓它们的存在,更不用说白宫向国会提供这些指令的副本。譬如,目前已知奥巴马签署了30多份国家安全指令。除了少数以全文或以简报形式(或因泄露)公开发布之外,它们均被列入机密文件的范畴。这种拒绝公开基本政策信息的做法不仅有悖于所谓的美国政府政策透明,而且令美国国会议员和普通民众烦恼和不满。例如,奥巴马签署过一份有关海洋安全的指令(PPD-18),该指令替代了先前小布什签署的一份内容相关的指令(NSPD-41,2004年12月21日)。由于奥巴马的指令仍作为机密文件而未公开,一些相关政策执行者可能继续把小布什的指令当作规范和指导美国海洋安全事务的一份重要政策文件,殊不知它已经被新的指令所取代。类似地,奥巴马关于反临时爆炸装置的国家安全指令(PPD-17),取代已解密的小布

---

① 转引自 Phillip J. Cooper, *By Order of the President: The Use and Abuse of Executive Direct Action*, Lawrence: University Press of Kansas, 2002, p.195。

什先前签署的一份相关指令(HSPD-19,2007年2月12日)。由于前者指令尚未公开发表,国会和普通民众并不确切知晓奥巴马政府的反临时爆炸装置政策到底是什么。它也使得国会难以及时和必要地监督行政部门的相关政策行动。① 由于无法获得国家安全指令的副本,"国会无法行使自己的宪法职责——立法以及确定是否对立法加以修改"②。当然,为了获得来自国会和普通民众对某项对外及军事政策的理解和支持,白宫有时会被迫解密一些国家安全指令的部分内容或提要。20世纪90年代,克林顿政府单方面做出对索马里和巴尔干地区采取军事干预行动的决定,遭到美国国会和国内外舆论的激烈批评和质疑。为了回应和平息这些不满情绪,白宫不得不解密部分国家安全指令。

综上所述,自二战结束以来,由于国家安全指令在使用上具有随意性、隐私性和灵活性,其一直是美国总统单方面制定和实施对外及军事政策的重要工具。它不仅构成战后美国对外政策历史的一部分,而且给美国对外及军事政策和行动带来复杂的后果。一些国家

---

① Secrecy News, "Presidential Directives Mostly Withheld by White House" (July 12, 2013), Federation of American Scientists, www.fas.org/sgp/news/secrecy/2013/07/071213.html, retrieved November 25, 2020.
② 转引自 Catherine M. Dwyer, "The U. S. Presidency and National Security Directives: An Overview", *Journal of Government Information*, 2002, Vol.29, No.6, p.414。

安全指令甚至引起令世界震惊的重大历史事件,给它所针对的政策对象(国家以及个人)带来严重伤害甚至悲剧。因此,对美国总统国家安全指令给予适当关注和研究,是理解和分析美国对外及安全政策的一个重要侧面。

此外,把单边签署国家安全指令作为采取对外政策单独行动的合法性来源及基础,这种现代美国总统行政特权类似于传统欧洲君主独揽大权的情形。从这个意义上讲,国家安全指令不仅对所谓美国民主政治是一种揶揄,而且是美国对外及安全政策制订过程中的一条危险之路。

第四章
签字声明:鲜为人知的单边行动工具

2009年3月9日,美国总统巴拉克·奥巴马颁布了一份总统备忘录,承诺对备受争议的总统单边政策工具——签字声明——进行有限的使用。与此同时,他在备忘录里也为总统使用这一政策工具做出辩护,称签字声明在美国政治制度中充当着合法作用,对这一工具的运用"体现着总统关照法律得到忠实执行的宪法义务,并促进行政部门和国会之间的健康对话"[①]。奥巴马的

---

① Barack Obama,"Memorandum for the Heads of Executive Departments and Agencies"(March 9,2009),the White House, https://obamawhitehouse.archives.gov/the-press-office/memorandum-heads-executive-departments-and-agencies-3-9-09, retrieved November 25, 2020.

这一做法立即引得一些国会议员的赞赏。①

在诸多旨在回避国会权力制约的单边政策工具中,签字声明恐怕是最鲜为人知的。本章对美国总统签字声明的基本含义给予必要的理解,侧重考察 21 世纪以来美国总统签字声明在对外政策领域的广泛使用,以及美国社会对总统使用签字声明的激烈争议。本章最后揭示,奥巴马总统为签字声明进行辩护的背后,反映出总统权力膨胀的情形依然存在于当代美国的政治制度中。

第一节　签字声明概述

所谓签字声明,它是指美国总统在签署国会送交的议案之后,对该议案本身或者对立法者给予一定的书面评论。从性质上看,总统签字声明大体分为三类。一类是"礼仪"型签字声明。总统可以把这类声明作为一种修辞工具,对签署的议案给予一般性评论,譬如,对议案条文的"支持者表示感谢,或对其反对者提出警

---

① 2009 年 3 月 14 日,美国国会众议院军事委员会主席伊克·斯凯尔顿(Ike Skelton)和监督和调查小组委员会主席维克·斯奈德(Vic Snyder)发表声明,对奥巴马在总统签字声明问题上所采取的立场表示赞赏。

告"①。第二类是"修辞"型签字声明。总统利用这类声明对所签署的议案内容给予一定的说明和告知。第三类签字声明是对签署成为法律的议案里部分条文的"宪法性"提出质疑和挑战。换句话说,在同意签署整本议案的前提下,总统发表一份声明,对认为引起宪法争议的部分条文提出关切、挑战甚至反对。通过引用宪法条文,或者最高法院有关裁决的宪法诠释,或者依据总统本人对宪法的理解,这类声明认定有关条文违宪或侵犯了总统权力,质疑国会的相关行动权威,由此声称白宫将拒绝执行这些条文。有评论者认为,这种所谓"制宪"型签字声明提出"法案存在宪法缺陷",指出"部分条文含义模糊不清",因此指示行政部门有选择地执行它们。② 换句话说,对于国会送给白宫的议案,总统并不全部否决它,而是在签署它成为一项法律之后发表一个声明,对新法律中的部分条文给予否决。从这个意义上讲,它是一种"条文否决"。

由此可见,签字声明并不像行政命令或国家安全指令那样具有总统主动行动的优势,但体现了总统利用另一种方式掌控对某项政策或法律条文执行的情

---

① Christopher S. Kelley, "Contextualizing the Signing Statement", *Presidential Studies Quarterly*, 2007, Vol.37, No.4, p.738.
② Christopher S. Kelley, "Contextualizing the Signing Statement", *Presidential Studies Quarterly*, 2007, Vol.37, No.4, p.738.

形。总统利用签字声明对法律条文语言进行诠释,或者指示行政部门官员如何按照总统的意愿去执行这些政策或法律条文。行政命令、国家安全指令或其他形式的指令,是在没有国会行动卷入的情况下由总统发出的指示,签字声明则是直接或间接地指示如何执行经国会通过的法案。

不过,总统签字声明的宪法地位并不清楚,因而签字声明(尤其是第三类声明)是否具有合法性也引发了争议。美国宪法没有明确提及总统签署一项议案时发表声明的事宜,也未提及总统拥有"条文否决"的权力。它只是规定,总统若对议案加以否决,需要把否决的理由告知国会,以便国会重新考虑该议案,包括对其进行修改。或者,国会两院对总统退回的议案重新投票,若该议案仍以三分之二多数票获得通过,即使在没有获得总统签署的情况下,该议案仍然成为一项美国法律。

然而,自 19 世纪初以来,美国总统便把签字声明作为一种工具,陈述所签议案成为法律中有关条文的宪法性或其他与法律相关问题,回避或拒绝执行相关立法条文。第一个使用签字声明的总统是詹姆斯·门罗。1822 年,门罗签署了一份有关削减军队规模并限定总统挑选军事官员办法的议案,使其成为一项法律。他在签字后一个月便发表声明称,总统——而不是国会——享有任命军事官员的宪法权力。1830 年,安德鲁·杰克逊总统签署一项拨款议案,但反对该拨款议案中关于从(密歇根州)底特律到(伊利诺伊州)芝加哥之间公路的安排。他在签字声明中坚持主张有关的公路不应该超越出密歇根州。众议院强烈反对总统对公路安排提出的限定,但最后还是作出了让步。1842年,约翰·泰勒总统发表一份签字声明,对某议案中有关国会选区议员名额分配条文的宪法性提出质疑。尤利塞斯·S.格兰特在签署一项拨款议案时,对议案规定关闭美国一些驻外使领馆的条文予以反对,认为它"侵犯了属于行政部门所拥有的宪法特权及职责"。

　　早期这类利用签字声明维护和重申行政部门宪法权力的做法,被20世纪的美国总统所效仿。不过直到里根政府时期,签字声明才得到"系统的"使用,并开始"战略性地利用签字声明以确保总统特权"。① 如上所述,从政治角度看,美国总统利用签字声明出于以下几种理由。第一,利用这类声明感谢议案的支持者、批评其反对者,从而争取在一定的选民中间赢得更多的政治支持。第二,利用签字声明影响国会制定新的立法,或左右国会未来修改得到总统签署但受到总统

---

① Christopher S. Kelley and Bryan W. Marshall, "The Last Word: Presidential Power and the Role of Signing Statements", *Presidential Studies Quarterly*, 2008, Vol. 38, No. 2, p. 264; Christopher S. Kelley, "Contextualizing the Signing Statement", *Presidential Studies Quarterly*, 2007, Vol.37, No.4, p.739.

部分否决的议案。第三,把签字声明视为一种灵活的单边政策工具,因为它不受制于任何具体的法律或政策限制,因而可以随心所欲地利用它为自己的政治目的服务。

这样一来,签字声明为美国总统打开了一系列行动选择。倘若不喜欢国会通过的议案中的某些条文,但又不想否决整个议案,总统便可利用签字声明工具,拒绝执行那些白宫不喜欢的条文内容,使国会没有什么回应的选择。显然,与总统行政命令、国家安全指令、总统备忘录以及总统公告不同,一定时期内的总统签字声明的数量取决于该时期国会所通过议案的数量。

第二节 从布什到特朗普:签字声明的应用

2001年,美国共和党人乔治·W.布什成为美国第43任总统。随着时间推移,尤其到了执政后期,布什本人的总统声誉日益下降,美国民众对他的支持率跌至低谷。在国会,白宫的一系列内外政策(如社会保障政策、移民政策和伊拉克战争政策)不断遭到来自民主党甚至共和党议员们的批评和反对。若以传统标准看,由于未能赢得来自国会和民众的理解和支持,布什算是一个缺乏"劝说"能力的总统。尽管如此,他仍然被看作美国现代史上最有权势的总统之一。

对于这种现象的一个解释是,布什广泛使用了包括签字声明在内的总统单边政策工具。布什政府上台不久便声称,若总统签署的议案有部分条文与总统本人对宪法的理解发生冲突,总统有权不必完全遵守那些成为法律的部分条文。可以说,布什是使用签字声明最多的现代总统之一,而且他的签字声明更多地涉及宪法权力内容。他利用签字声明拒绝了上千项法律条文,几乎是所有先前总统拒绝法律条文数目之和的两倍,甚至达到对签字声明加以"滥用"的地步。①

就美国对外及安全政策而言,布什的签字声明主要涉及以下几个内容。第一,总统具有控制和管理整个行政部门的权力。第二,行政部门拥有处理对外事务的绝对权力。第三,总统有权决定和规定国家安全的范畴,而且出于"国家利益"考虑有权隐情不报。第四,总统拥有行政部门首脑的权力。第五,总统在人事

---

① 对布什总统使用和滥用签字声明的具体研究和分析,可参阅 Lawrence T. Tribe, "'Signing Statements' Are a Phantom Target", *The Boston Globe*, August 9, 2006; Charlie Savage, *Takeover: The Return of the Imperial Presidency and the Subversion of American Democracy*, New York: Little, Brown and Company, 2007; Christopher S. Kelley and Bryan W. Marshall, "The Last Word: Presidential Power and the Role of Signing Statements", *Presidential Studies Quarterly*, 2008, Vol.38, No.2; Nancy Roberts and James P. Pfiffner, "Presidential Signing Statements and Their Implications for Public Administration", *Public Administration Review*, 2009, Vol.69, No.2。

任命方面享有单独的权力。下面是布什执政期间利用签字声明的几个典型例子。

● "9·11"事件发生后不久,国会通过《2002年商务部、司法部、国务院、法院和有关行政单位拨款条例》(H. R. 2500)。布什以直接和激进的方式对该条例中的若干条文给予反对。它为布什政府后来所一直坚持的一个观点打下基础,即根据《美国宪法》第二条规定,不允许任何其他部门干涉在行政部门看来属于总统"对整个行政部门的控制"。2001年11月28日,布什最终签署了这个拨款条例,但同时颁布了一份签字声明,称"该条例的第612条就司法部致力于反恐问题规定了一些要求。这个条文引起权力分立的问题。它不适当、不必要地侵犯了我作为总统对行政部门及其雇员行动做出指示的权力"[1]。该签字声明为布什总统拒绝全面执行该条例内容提供了可能性。

● 2005年,国会参议员约翰·麦凯恩对《2006年国防部针对墨西哥湾飓风和大范围流感的紧急增补拨款条例》(H. R. 2863)提出修正案,旨在禁止美国人在世界上任何地方从事任何虐待活动。12月30日,布什总统签署了该条例,并发表一份签字声明,声称行政部门将对涉及拘留者的第十款给予解释,"其做法与总统监

---

[1] *Weekly Compilation of Presidential Documents*,2001,Vol. 37,No.48, p.1724.

督整体行政部门的宪法权力相一致"①。根据这一声明,布什以该条文干涉他作为最高行政首脑的特权为由,有可能不执行这一法律的相关内容。

● 2006年3月9日,布什总统签署了一份重新授权美国"爱国者"条例的议案(H. R. 3199),从而使即将到期的美方"爱国者"条例继续有效。在此之前,一些国会议员担心联邦调查局利用该条例对公民住宅和私人记录进行任意搜索,使公民的自由和隐私受到侵犯。为了打消这些议员的顾虑,布什政府同意条例中关于行政部门向国会监督委员会报告执法情况的条文。这种法律上的保证果然使一些议员放弃了反对该条例的想法,从而确保了该条例在全体国会获得通过。然而,在签署该条例成为一项美国法律后,布什总统颁布了一份签字声明,声称行政部门在解释该条例关于向国会提供情报方面,"应该与总统享有监督整体行政部门、保守机密(泄露机密将破坏对外关系、国家安全、行政部门的审慎工作程序,以及行政部门行使宪法义务的活动)的宪法权力相一致"②。

● 2006年,美国国会通过《美国-印度和平原子能

---

① *Weekly Compilation of Presidential Documents*, 2006, Vol. 41, No.52, p.1920.
② *Weekly Compilation of Presidential Documents*, 2006, Vol. 42, No.10, p.425.

合作条例》(H. R. 5682),又称《海德条例》。该条例不仅反映了美国在全球核不扩散问题上的双重标准,引起国内外舆论的广泛质疑和批评,而且暴露出美国国会和总统之间在国家核安全领域的权力争夺。尽管如此,同年12月18日,布什总统签署了该条例,使其成为一项美国法律。与此同时,布什颁布一份签字声明,对条例中一项涉及对外政策的条文(第103条)加以否决。此外,布什还对条例中另外八项条文的宪法性加以质疑,称对这些条文的解释应该采取"与总统的宪法权力保持一致的方式"[1]。

● 2008年,国会通过《2008年度国防授权条例》(H. R. 4986)。该条例第1222项规定:"与本条例拨款授权相关的经费,不得用于……建立其目的旨在使美国军事力量永久驻扎伊拉克的任何军事设施或基地。"1月28日,布什总统签署该条例,并颁布一份签字声明,称"该条例的若干条文(包括第841、846、1079和1222款)提出强制要求,阻碍了总统行使关于观照法律得到忠实执行的宪法义务的能力……行政部门将以与总统宪法权力相一致的方式解释这些条文"[2]。于是,布什

---

[1] *Weekly Compilation of Presidential Documents*,2006,Vol.42,No.51,p.2179.
[2] *Weekly Compilation of Presidential Documents*,2008,Vol.44,No.4,p.115.

总统为美国军队永久驻扎伊拉克提供了可能性,并暗示国会不能通过立法手段控制总统在军事上的财政开支。

奥巴马入主白宫不久,便颁布了一份关于"签字声明"的备忘录,旨在缓和美国国会和民众对总统使用和滥用签字声明的批评和指责。不过,奥巴马同时对总统享有使用签字声明的权力加以辩护。备忘录一方面承认总统签字声明可能被滥用;另一方面则称签字声明在美国的政治体系中具有合法的功能,"体现总统行使确保法律得到忠实执行的宪法义务","促进行政部门和国会之间的健康对话"。[1] 这份备忘录颁布后两天,奥巴马便启用了他就任总统后的第一份签字声明。在签署《2009年综合拨款条例》(H. R. 1105)成为美国法律之后,奥巴马颁布一份签字声明,称他将对该法律中若干条文因"引起宪法上的关切"而给予忽视,使民主党抱怨当年布什政府不该做的事情,在民主党籍总统奥巴马那里重新出现。[2]

---

[1] Barack Obama, "Memorandum for the Heads of Executive Departments and Agencies" (March 9, 2009), the White House, https://obamawhitehouse.archives.gov/the-press-office/memorandum-heads-executive-departments-and-agencies-3-9-09, retrieved November 25, 2020.

[2] Barack Obama, "Statement from the President on the signing of H.R. 1105" (March 11, 2009), the White House, https://obamawhitehouse.archives.gov/the-press-office/statement-president-signing-hr-1105, retrieved December 15, 2020.

特朗普也往往不失时机地使用签字声明。2018年8月13日,特朗普签署一项国防授权条例,但附加了一份签字声明。该条例全称为《2019年度约翰·麦凯恩国防授权条例》(H. R. 5515),在国会众参两院分别以359票对54票和87票对10票获得通过。有趣的是,特朗普拒绝在签字声明里提及参议员麦凯恩的名字,表露出前者对后者的仇怨。更有趣的是,为了现实政策利益和避开国会对白宫的制约,特朗普对该条例中的52处条文提出反对,打破当年小布什在一份签字声明中对48处条文提出反对的纪录。

特朗普入主白宫后,开启了自1972年以来最具影响的美国对华政策调整,中美关系开始经历根本性变化。从双方代价高昂的对华贸易争端,到突如其来的全球新冠肺炎疫情蔓延,所有这些加速了两国关系的不断恶化。在对华政策的制定过程中,国会明显加强了其参与程度和立法速度。2019年11月,特朗普在签署所谓"香港人权与民主条例"使其成为法律的同时,签署了两个声明,其中一个声明称,该条例中的某些规定干扰了总统行使宪法权力去决定或陈述美国对外政策,因此,白宫有权依据宪法赋予总统的权力去处理该条例中有关对外政策的条文,从而使总统在美国对待香港的问题上处于支配地位。2020年6月

17日，特朗普将所谓"2020年维吾尔人权政策条例"（S. 3744）签署成法并签署了一项声明，指出该条例第6款中的部分内容限制了总统自行处理终结制裁的权力，声称条例中的这部分内容将对白宫没有约束力。这两份签字声明似乎表达了一种情绪，即在执行对华政策以及应对可能产生的政策后果方面，白宫谋求处于可支配和可驾驭的地位。当然，美国政府利用国内法干涉中国内政的做法，遭到中国方面的强烈谴责和坚决反对。作为一个全球性大国，美国不应该也无权将自身凌驾于他国之上，或以长臂管辖方式干预他国事务。

第三节　签字声明的争议和挑战

近年来，有关总统签字声明的使用、误用和滥用，在美国国内引起不同的反响。一种观点认为，总统只有两个选择：签署或者拒绝签署议案。总统应该执行任何签署成为法律的议案，利用签字声明无视或拒绝执行全部或部分已经其签署成为法律的议案，不但是对国会立法权的"明目张胆侵害"，而且对美国宪法"制衡制度构成严重威胁"。总统广泛利用签字声明这一单边政策工具，其目的显然是要"扩大行政部门权力，以牺牲国会和法院部门权力作为代价，实现单凭立法条文所无法实现的目标"。①

另一种观点则认为,关于签字声明属于"违宪"的说法是错误的。签字声明是立法实践和行政程序的组成部分。事实上,总统享有签字声明的权威,它来自《美国宪法》第二条第一款中的"宣誓"条文以及第二条第三款中的"注意"条文。"宣誓"条文要求总统"维持、保护和捍卫"宪法以及总统特权。从一定程度上讲,这意味着总统不能执行违宪的法律。类似地,依据《美国宪法》第二条第三款有关总统"应该注意使法律得到切实执行"的规定,总统应该避免执行法律中违宪的条文。因此,美国宪法的有关条文支持对签字声明的各种使用,包括总统利用签字声明澄清模糊和不明确的法律条文,指示行政部门官员执法时采取何种行动。

第三种观点则表达了一种担心,即某个部门或者另一个部门谋求把法律掌握在自己手中。总统是使一项议案最终成为法律的至关重要的行为体,但签字声明则对国会的立法权构成挑战。

在国会方面,一些议员试图采取措施对总统使用签字声明加以制约。国会通常从两个方面制衡总统对

---

① Nancy Roberts and James P. Pfiffner: "Presidential Signing Statements and Their Implication for Public Administration", *Public Administration Review*, 2009, Vol.69, No.2, p.254.

签字声明的使用,即"积极的监督和不给拨款"①。此外,议员们还试图通过立法途径,对总统使用签字声明的做法加以限制。譬如,来自得克萨斯州的民主党籍众议员希拉·杰克逊-李(Sheila Jackson-Lee)提出议案(H. R. 264),拒绝向总统行政办公室或其他机构提供资金"用于制作、出版或散布"总统的签字声明。2006年,来自宾夕法尼亚州的共和党籍(2009年4月28日宣布加入民主党)参议员阿伦·斯佩克特(Arlen Specter)在担任参议院司法委员会主席时,就总统签字声明事宜举行过专门听证会,并与来自新罕布什尔州的民主党籍众议员卡罗尔·谢伊-波特(Carol Shea-Porter)共同提出《2007年总统签字声明条例》(S. 1747和H. R. 3045),旨在阻止联邦和州法院在办案时依赖总统签字声明,并给予国会具有挑战签字声明的地位。2009年1月6日,来自北卡罗来纳州的共和党籍众议员沃尔特·琼斯(Walter Jones)提出《2009年总统签字声明条例》(H. R. 149),旨在促进国会和公众对总统签字声明的认识、理解和政治责任。2009年4月,参议员斯佩克特等人再次提出有关约束总统签字声明的议案,禁止法院部门在裁决国会条例

---

① Christopher S. Kelley, "Contextualizing the Signing Statement", *Presidential Studies Quarterly*, 2007, Vol.37, No.4, p.738.

时,把总统签字声明作为权威来源,并加以依赖和顺从。其实,斯佩克特在2006年和2007年就提出过相关议案,由于难以在国会两院获得所需的三分之二多数票,未能推翻布什总统的可能否决。所以,在新一届国会,他再次提出该议案,希望筹集到该议案在国会获得通过的足够票数,并希望奥巴马总统签署它。

最高法院也介入了这个问题。2015年,最高法院就"兹沃托夫斯基诉克里"(*Zivotofsky v. Kerry II*)案做出最后裁决,对总统在对外事务领域提出单边行动要求给予限制。2002年,国会通过《对外关系授权条例》(Foreign Relations Authorization Act),该条例第214项第4款规定,对于出生在耶路撒冷的美国公民,出于出生登记、国籍确认以及护照颁发之目的,国务卿应根据该公民或该公民监护人的要求,将其出生地记录为以色列。小布什签署了该条例使其成为一项法律,但同时签署一份声明,拒绝承认该条例第214项对行政权力加以限制具有宪法性,声称总统存在着超越国会控制的行政对外事务权力。

此案件的主要关注点是:在寻求改变护照的问题上,国会是否超越了自身权限;总统是否可以通过签署一个与议案文本相抵触的声明,对国会的意志加以忽视。2002年10月,一个名叫门那臣姆·宾亚敏·兹沃托夫斯基(Menachem Binyamin Zivotofsky)的男孩出生于耶路撒冷。依据上述第 214 项第 4 款,他的美籍父母要求在兹沃托夫斯基的美国护照出生地一栏打印上"以色列"。美国国务院拒绝这一要求,理由是,行政部门的长期立场是美国不承认以色列具有对耶路撒冷的主权。于是,兹沃托夫斯基的父母提出诉讼。起初,地方法院以此案属于"政治问题"为由拒绝受理,但最高法院将此案发回原审法院重审。华盛顿特区巡回上诉法院判定上述国会条例违宪,因为总统享有承认外国主权的行政权力。最高法院重申了这个立场。一定程度上讲,此案具有里程碑的意义,因为它是美国历史上首次允许总统做出直接违背国会条例的事情。它可能预示着一种联邦权力平衡的改变,即在诠释宪法中总统和国会的权力关系时,法院部门更趋于做出有利于行政部门的裁定。

在美国的宪法体系里,行政权力的范围和界定——尤其在对外事务方面——是备受关注且常常引起争议的问题。总统也不断试探着自己权力的外拓疆界,包括利用签字声明去诠释和理解法律条文,为扩大总统行政权力范围提供合法性。国会设法对总统使用这种做法施加政治压力,或者作出直言不讳的回应。普通民众以及州或地方私营企业也会质疑这种行政做法的宪法性,指出它侵蚀法律条文或宪法的权力。不过,在大多数情况下,这些行动和挑战在法院看来是缺乏依据的,也无法保证可以产生阻止总统发表签字声明的作用。

由于美国宪法并未明文禁止签字声明,在美国历史的大部分时间里,总统都发表过签字声明。可以预见,未来的总统将继续用这种激进的方式去表明他们认为违宪的部分法律。尽管如此,作为一种单边政策工具,签字声明如同行政命令一样,更像(欧洲)君主行使的权力,因为总统可能不会忠实地执行他签署成为法律的条文。签字声明用于劝告、礼仪或信息目的是可理解的。但是,在许多美国人看来,把签字声明作为否决部分法律的工具是有争议、有问题的,它破坏了美国的民主法治,也威胁到美国政治的分权制度。[1]

据说,1787 年美国制宪会议的最后一天,一位妇人遇见正在离场的本杰明·富兰克林,便问道:"博士,我们选择了什么制度——共和制还是君主制?"富兰克林机智地回答:"共和制,如果美国能够保持它的话。"[2]假

---

[1] James P. Pfiffner, "Presidential Signing Statements and Their Implications for Public Administration", *Public Administration Review*, 2009, Vol.69, No.2, p.249.

[2] 参见 Neil Gorsuch, *A Republic, If You Can Keep It*, New York: Crown Forum, 2019。另参见 Gillian Brockell, "'A Republic, If You Can Keep It': Did Ben Franklin Really Say Impeachment Day's Favorite Quote?" (December 19, 2019), The Washington Post, https://www.washingtonpost.com/history/2019/12/18/republic-if-you-can-keep-it-did-ben-franklin-really-say-impeachment-days-favorite-quote/, retrieved December 25, 2019。

如富兰克林生活在今天的美国,看见君主般的总统权力和强势的行政部门如何扩张,他也许会说,美国人当下生活在一种"民选的君主"制度下,民主政治正在演变成一种寡头政治。

第五章
休会任命：重要却被忽视的单边行动工具

人事任命是美国国会和总统之间权力争斗的一个重要场所，因为所有的联邦政府公共政策依赖于一定的人去贯彻执行。为了控制联邦政府官僚体系以及有效实施白宫推行的公共政策，美国总统经常利用宪法赋予的休会任命权，任命联邦政府官员而无须征得国会参议院的"意见和同意"。近年来，休会任命权日益得到广泛使用，成为一个重要的却经常被人们忽视的美国总统单边行动工具。什么是休会任命？美国宪法对人事任命（包括休会任命）权做出怎样的安排？这一安排如何制造了国会和总统之间权力关系上的政治紧张？为了避开来自国会参议院对人事任命的参与和确认，美国总统如何把休会任命权作为一种单边行动工具加以不断使用？

本章从国会和总统关系的角度回答这些问题。第一节扼要叙述美国宪法对人事任命(包括休会任命)权的安排,侧重理解休会任命的含义以及相关的基本概念,指出这一安排使人事任命成为国会和总统之间政治权力竞争的一个场所。第二节探讨美国总统如何利用休会任命权去回避来自国会参议院对人事任命的参与,使其成为日益重要的美国总统单边行动工具。第三节以美国最高法院对"全国劳工关系委员会诉坎宁"案的裁决为例,观察美国政治如何试图通过法律权力限制总统在休会任命方面过于膨胀的做法,以及这一裁决给美国政治带来的可能影响。

第一节 休会任命的模糊含义

《美国宪法》第二条第二款明确规定,总统在人事任命方面可遵循两种途径:一种途径是,总统"有权提名,并于取得参议院的意见和同意后,任命大使、公使及领事,最高法院的法官,以及一切在本宪法中未经明定,但以后将依法律的规定而设置之合众国官员";另一种途径是,"在参议院休会期间,若遇职位出缺,总统有权任命官员补充缺额,任期于参议院下期会议结束时终结"。由此可见,在第一种途径里,人事任命权由总统和国会参议院分享并联合行使;在第二种途径里,这一权力由总统独享并单边行使。经由这两种途径获得任命的联邦政府官员，均同等享有宪法所赋予的法律权力。唯一区别是他们的任期不同。经由第二种途径（休会任命）所获得任命的联邦政府官员，其任期随参议院下期会议结束时终结，或者被后经参议院"意见和同意"而获得确认的候选人所取代。换句话说，休会期间获得总统任命的联邦政府官员的任期最长不超过（一届国会所需的）两年。

国会确认总统对行政部门及法院部门的人事提名，这乃是典型的美国政治做法。它包含在美国宪法里，作为联邦政府权力分享及制衡原则的一种体现。需要指出的是，美国宪法把对总统人事任命的"意见和同意"权只是给予了参议院，众议院并不享有对总统提出的人事提名投票的权力。早在美国制宪会议期间，一些与会代表认为，参议院在挑选国家公民担任不经选举的重要联邦公职方面享有权力；另一些与会代表则提出，总统应该拥有全部的人事任命权。作为争论的一种妥协，美国宪法规定，总统有权提出人事任命的候选者，但该提名需征得参议院的"意见和同意"。

至于美国宪法确立"休会任命"这一条款有何意图，人们至今并不很清楚。据说美国制宪会议的辩论记录里未充分提及它。只是在《联邦党人文集》里，汉密尔顿论及"休会任命"条款时这样写道：该条款旨在确保政府在参议院因休会无法行使"意见和同意"功能的情况下能够继续运作,"不能为了任命官吏而使参议院开会不止,而官吏出缺有可能发生在参议院休会期间,且为了公益有可能需要及时补缺",于是,宪法"授权总统单独进行临时任命"。①

不过,有关"参议院休会"的确切含义存在着一些争议。在理解什么是"休会"之前,有必要先理解什么是国会"会期"。所谓国会会期(session),是指无限期休会结束后国会开始工作直至下一个无限期休会开始的那段时间。根据《美国宪法》第二十条修正案的规定,国会需要在每年的 1 月 3 日开始工作,"除非国会以法律另订日期"。因此,参议院一般在 1 月 3 日开始开会,通常在秋季宣布休会。近几十年来,每两年一届的国会通常由两个 9—12 个月的会期构成。在参议院,还存在着一种所谓"形式上会期"(pro forma session)。它并不处理日常公务,而且在在场议员寥寥无几的情况下进行。会议通常由来自华盛顿特区附近的弗吉尼亚州或马里兰州的参议员主持,负责宣布参议院会议开始,随后宣布开会结束。整个过程前后所花费的时间一般不超过一分钟。这种形式上的开会旨在表明参议院仍处于会期(而不是休会)阶段。

---

① [美]汉密尔顿、杰伊和麦迪逊:《联邦党人文集》,程逢如、在汉、舒逊译,北京:商务印书馆 1995 年版,第 343 页。

第五章 休会任命：重要却被忽视的单边行动工具

国会"休会"（recess）是指参议院或众议院暂停会议后的休歇。根据《美国宪法》第一条第五款，一院若未经另一院同意不得休会3日以上。国会获得休会同意的方式，通常是经由参、众两院通过共同决议。在美国，国会休会主要呈以下三种情形。一种是会议期内（intrasession）休会，指会期进行过程中出现的休会，也叫"程内休会"。近几十年来，一次会议期内的"程内休会"约为5—11次，由于经常选择在国定节假日前后，因此，这类休会一般在3日以上。另一种是会期之间（intersession）休会，它指国会一次会期结束后和下次会期开始之前形成的休会，也叫"程际休会"。每届国会的两个会期之间被这种休会分开。一届国会第二次会期结束和新国会第一次会期开始之间的休会也属于这一种。还有一种叫"夏季休会"，指国会在每年8月休会30天。

美国宪法在文字含义上制造了一种模糊情形，休会究竟指会期之间的休会，还是说会期内的休会和夏季休会也算作数。也就是说，美国宪法赋予总统在国会休会期间可动用休会任命权，其休会单指程际休会，还是包括程内休会。①

---

① 在《美国宪法》人事任命条款里，有关"若遇有职位出缺"的文字表述在含义上也不清楚，它是特指某个职位"不早不晚正好在参议员休会期间空缺出来"，还是包括某个职位"直到参议院休会期间仍然空缺着"。

尽管对休会的定义一直悬而未决并且不断经历着人事任命上的权力斗争，国会参议院和总统在20世纪40年代还是采取了双方默认的办法：参议院容忍总统利用程内休会进行单独人事任命，但总统也尽量避免在短于10天的休会期内采取行动。进入21世纪，这方面的争议发生在2004年。当时，小布什总统利用参议院连续7天的程内休会，任命威廉·普莱尔（William Pryor）为美国第十一区上诉法院法官。该上诉法院随即在对"伊凡斯诉斯蒂芬斯"（Evans v. Stephens）案裁决中，认可了小布什的这一休会任命。

作为介入美国公共政策事务的重要手段之一，国会不仅与总统分享人事任命权，而且对人事任命程序进行支配。大多数的人事任命需要得到参议院简单多数的通过。确认过程中所举行的一系列听证会，可以成为参议院对白宫和行政部门公共政策进行评估和批评的机会。在许多参议员看来，人事任命的确认过程对于国会来讲是有益的。国会可以借此机会行使否决权、获得公共政策信息、与被提名人建立联系、公开表达国会的不满情绪等。由于参议院有权确认或拒绝总统提名担任联邦政府公职的候选人，总统在提名候选人时不得不考虑来自参议院的可能立场和反应。

参与人事任命是参议院履行宪法赋予的一项职责。对总统提名的联邦政府公职候选人，参议院通常给予同意并确认,并没有什么辩论或反对。许多参议员趋于相信,总统能够挑选出可胜任的联邦政府官员,除非总统挑选的候选人有着某种违法或不道德行为的记录,或者带有对于大多数美国人来说不能接受的癖好。

当然,也存在着参议院明确反对总统提名的候选人情形。出现这种情形的原因是多种的,既有国内党派上的政治考虑因素,也有被提名者本人的行为和道德记录因素。不同利益集团和新闻舆论也会对参议院参与人事任命确认过程产生影响。从历史上看,参议院拒绝总统提名候选人主要有以下几种原因。

第一,党派政治上的考虑,包括被提名者的政治观点或对外政策主张。1994年,美国国会中期选举后,共和党人全面控制国会。它在一定程度上限制了民主党籍总统克林顿在人事上的自由选择。1996年,获得总统连任后的克林顿提名国家安全顾问安东尼·莱克(Anthony Lake)为中央情报局局长,但这一提名遭到参议院共和党人的竭力反对。理由是,莱克在国家安全委员会工作期间,曾对中央情报局进行过潜在的政治干涉。在来自参议院共和党人的巨大政治压力下,克林顿的此项人事任命未能实现。1997年,莱克宣布退出中央情报局局长候选人提名,抱怨参议院"无休止"地拖延人事任命程序并将这一确认过程政治化。

第二,被提名者个人行为在伦理及道德上的不良记录。1989年,参议院拒绝了新上任总统布什对其长期政治盟友约翰·托尔(John Tower)出任国防部长的提名。理由是,此人除了在国防方面持有强硬的立场之外,在个人品行和私生活方面有过不良记录。根据联邦调查局的调查,托尔有酗酒记录和色猎女人的行为。除了对其个人行为发难外,参议员们还质疑托尔是否适合担任联邦政府军事部门公职,因为他本人还担任过军火合同商的顾问。白宫则气愤地反驳说,这些理由是站不住脚的,其目的是想铲除一个对他们所不满的国防政策给予坚决支持的人。① 再譬如,1987年,里根总统准备提名道格拉斯·金斯堡(Douglas Ginsburg)为最高法院大法官。但在将这一提名正式提交给参议院之前,金斯堡的名字被撤销下来,因为美国媒体广泛地披露了金斯堡曾吸食过大麻的经历。

第三,被提名者的公共政策思想和理念不能得到参议院的认可。反过来说,参议院会利用人事任命权去影响和制约总统对有关联邦公共政策的推行。有时候,参议院对人事确认事宜并不采取最后行动,直至被提名者或总统方面作出让步,包括向国会作出一定的政策保证。克林顿政府时期,参议院激烈批评国防部

---

① 在这种情况下,布什不得不另提名当时众议院共和党党鞭迪克·切尼(Dick Cheney)作为国防部长候选人。不久,参议院以92票对0票通过对切尼的人事确认。

前部长莱斯·阿斯平未能向干预索马里危机的美军提供足够的支持。1994年2月,参议院军事委员会从威廉·J.佩里——由总统提名担任国防部长的候选人——那里得到一系列的政策保证:在未来任何战斗中,将向美国海外军事人员提供必要的支持;对现存国防部"低效率助理国防部长网络"进行改革;满足参议院的要求,增加美国海外军事行动及维持的费用。于是,对佩里作为国防部长的人事提名在参议院获得确认。①

由此可见,如果遵循美国宪法规定的人事任命的第一种途径,那么总统并非能够随心所欲地实现自己所青睐的人事提名获得任命,而是经常受到来自国会参议院的制约和限制。倘若事先得知多数参议员打算阻挠或投票反对,总统或被提名者本人往往不得不做出撤销或退出该人事提名的决定。

第二节 作为避开国会的手段

近年来,人事任命在美国变得更趋复杂的党派政治化,成为制造国会和总统之间政治紧张和党派冲突的重要场所。它超越了权力分立和政府分工原则的范围,表现为立法和行政部门之间、党派之间的互不信任

---

① Pat Towell, "Senate Swiftly Confirms Perry as Defense Secretary", *Congressional Quarterly Weekly Report*, February 5, 1994, pp.254-255.

和彼此敌意。正如有评论者指出,人事任命在美国"成为一场更大政治冲突中的一个小卒"。① 参议院经常使用冗长演讲、中断或搁置等所谓"拖延战术"(filibuster),以阻挠重要的人事任命通过。② 若被提名的候选人遭到参议院拒绝或驳回,这对总统来说往往是一个政治挫折。于是,休会任命成为总统经常使用的重要单边行动工具。无论是来自共和党还是民主党的总统,他们都会设法行使宪法赋予他们的休会任命权,利用国会休会之际任命联邦政府官员,绕开参议院对人事任命的参与和干预。

自华盛顿以来的美国总统一直使用宪法赋予自己的这项权力。由于作为一种例行公事的安排,休会任命在美国政治中并不引起人们的特别关注。③ 1997

---

① Bert A. Rockman, "Reinventing What for Whom? President and Congress in the Making of Foreign Policy", *Presidential Studies Quarterly*, 2000, Vol.30, No.1, p.140.
② 有关这方面的研究,可参阅 Sarah A. Binder and Steven S. Smith, *Politics or Principle? Filibustering in the United States Senate*, Washington, D.C.: Brookings Institution Press, 1997。
③ 美国总统克林顿(1993—2001 年)和布什(2001—2009 年)在各自任期内,分别使用了 139 次和 171 次休会任命权。奥巴马在总统任期内(2009—2017 年)使用了 32 次休会任命权。参阅 Henry B. Hogue, " Recess Appointments Made by President Barack Obama", *Congressional Research Service*, September 7, 2017。另参阅 Ryan C. Black, Anthony J. Madonna, Ryan J. Owens, and Michael S. Lynch, "Adding Recess Appointments to the President's 'Tool Chest' of Unilateral Powers", *Political Research Quarterly*, 2007, Vol.60, No.4。

年,克林顿提名马萨诸塞州前州长威廉·韦尔德(William Weld)出任美国驻墨西哥大使,但遭到参议院对外关系委员会主席、共和党籍参议员杰西·赫尔姆斯(Jesse Helms)的竭力阻挠,理由是,候选人在反毒品方面的立场和手段过于软弱。赫尔姆斯还阻挠克林顿对詹姆斯·霍梅尔(James Hormel)担任美国驻卢森堡大使的提名,理由是,霍梅尔在性取向方面有同性恋倾向。不过,克林顿最终通过休会任命途径实现了对上述两项提名的任命。

小布什政府执政时期,休会任命权得到更为大胆的使用,以避免来自参议院民主党的阻挠。2002年1月,共和党籍总统小布什利用国会处于休会期间,任命奥托·赖克(Otto Reich)担任国务院负责拉丁美洲事务的助理国务卿。赖克因参与20世纪80年代支持拉丁美洲反政府武装而一度备受争议。2005年3月,布什提名副国务卿约翰·博尔顿(John Bolton)为美国常驻联合国大使。一些民主党参议员利用冗长辩论的手法,拖延全体参议院对其提名进行投票表决。8月,布什利用国会休会之机,任命博尔顿出任美国常驻联合国大使。直至2006年12月参议院会期结束前夕,博尔顿才宣布结束其大使任职。

2007年4月,布什行使休会任命权,任命来自密苏里州的商人萨姆·福克斯(Sam Fox)为美国驻比利时大使,使参议院民主党一直阻挠该人事提名的企图落空。福克斯曾在2004年国内政治大选期间支持布什连选连任,并向一个名叫"快艇老兵寻求真相"的共和党人组织捐款,该组织在电视广告中称民主党竞选对手约翰·克里夸大了自己在越南的军事履历。这则广告被普遍视为克里竞选总统失利的一大因素。2007年,布什考虑提名福克斯担任大使作为对其政治上的回报,自然遭到民主党控制的参议院对外关系委员会的反对,并直接遭到来自克里参议员本人的诘难。白宫知道,这一提名"凶多吉少",便在参议院采取政治敌意行动之前撤回了该提名。不过,布什趁参议院4月开始休会之机,还是将自己的政治朋友福克斯送上美国驻比利时大使的位置。白宫表示,福克斯出任大使,可以不拿联邦政府的俸禄。不过,根据联邦政府有关规定,任何个人不得无偿为美国政府工作,除非本人书面保证不对过去的俸禄提出诉求。直到2009年1月布什卸任前夕,福克斯才终止担任美国驻比利时大使这一公职。

2009年,民主党籍总统奥巴马提名玛丽·卡门·阿蓬特(Mari Carmen Aponte)出任美国驻萨尔瓦多大使,但遭到一些来自共和党籍参议员的阻挠。阻挠的理由是,阿蓬特曾在20世纪90年代与古巴出生的保险销售商罗伯特·塔马犹(Robert Tamayo)——据说

第五章 休会任命：重要却被忽视的单边行动工具

塔马犹替古巴情报部门工作过，并受到美国联邦调查局的反间谍调查——有过浪漫关系，而且发表过支持同性恋和反家庭之类的言论。因此，这一人事任命程序在参议院被搁置。来自南卡罗来纳州的共和党籍参议员吉姆·德民特（Jim DeMint）等人要求知晓美国联邦调查局掌握这种浪漫关系的全部档案。据说早在1993年，联邦调查局对阿蓬特和塔马犹进行过面谈，但阿蓬特拒绝接受测谎器的测试。1998年，克林顿曾提名阿蓬特出任美国驻多米尼加共和国大使。当时，赫尔姆斯曾声称，如果举行听证会，他准备就这种关系向阿蓬特提出尖锐问题，要求她给出"个人理由"。这些声称对于被提名者来说是足够严厉的。这些最终使阿蓬特在同年决定放弃总统提名她担任大使公职的机会。

2010年8月19日，不顾共和党人对阿蓬特早年与古巴之间的关系而施加的各种阻挠，奥巴马绕开参议院的人事任命程序，利用国会休会机会任命阿蓬特出任美国驻萨尔瓦多大使。在奥巴马看来，当国家面临许多紧迫的挑战时，参议院民主党人应该停止在他提名的高素质人员身上玩弄政治，而是履行其发表意见和同意的职责，如果他们不这样做，总统保留在权力范围内行使最有利于美国人民的事情。

2010年年底，奥巴马利用休会任命权，绕开参议院部分参议员的阻挠而任命了美国驻叙利亚、土耳其、阿塞拜疆和捷克大使。白宫早已将这几名大使人选提交给国会,但参议院一直拒绝就批准提名展开投票,部分原因是部分参议员对向某些国家派驻大使或对大使人选不满。譬如,一些参议员认为,向叙利亚派驻大使不妥,因为现阶段叙利亚仍被美国认定为"支持恐怖主义国家"。白宫则认为,向叙利亚派驻大使表明奥巴马政府致力于通过与叙利亚接触推进美国的利益,美国希望叙利亚在中东地区事务中继续扮演"重要的"和"建设性的"角色。

对于总统方面日益广泛地使用休会任命权并将其作为单边行动工具,国会则绞尽脑汁地试图对其加以阻止和限制。2007年11月16日,参议院民主党籍参议员哈里·里德(Harry Reid)首次提出参议院"形式上会期"的概念。它指参议院举行的短期会议,但不行使日常公务。若参议院每三天开一次形式上的会议,那么,参议院便不被认为处于休会期间。换句话说,这个概念从技术上回避了参议院处于休会的情形,哪怕参议院实际处于休会状态。这被看作阻止和限制总统过度使用"休会任命"权的有效做法。据说,2007年感恩节放假期间,参议院连续使用了四次形式上开会的做法,以避免出现参议院休会情形而被布什利用行使休会任命权。来自弗吉尼亚州的民主党籍参议员吉姆·韦伯(Jim Webb)主持会议。在宣布参议院开会之后,他——作为在场的唯一一名参议员——立即宣布休会直至下次形式上会议开始。整个"走过场式"会议持续时间不足 30 秒。①

第三节 最高法院介入休会任命之争

2014 年 6 月 26 日,美国最高法院以 9∶0 的票数一致通过一项裁决,认定奥巴马总统未经国会参议院许可便任命人员担任政府高级职位属违宪行为。在"全国劳工关系委员会诉坎宁"(National Labor Relations Board v. Noel Canning)一案中,美国最高法院做出这一裁决,旨在限制总统过分使用人事任命中的休会任命权。

全国劳工关系委员会是美国政府的一家独立机构,主要负责调查和裁定由工人、工会或雇员提起的有关不公平劳资关系的诉讼。该机构由 5 名成员组成,该 5 名成员的产生均由总统提名,还须经参议院的意见和同意。在小布什和奥巴马执政期间,该机构一度人员短缺。在长达 2 年多的时间里,该机构只有 2 名成员。根据 2010 年美国最高法院的一项裁定,该机构若没有达到实际行使职责的 3 人或以上人数,不可以

---

① Carl Hulse, "Democrats Move to Block Bush Appointments", *New York Times*, November 21, 2007.

行使制定规则的权力。同年,该机构在获得法定人数3人或以上人数情况下实施运作。但到了2011年8月,该机构只有3名成员(即法定人数的最低人数),而且在第112届国会(2011—2013年)第一次会期结束时,将有1名成员因任期届满而离职。为了避免出现法定人数不足而无法行使正常职能,奥巴马提名了3名候选人作为全国劳工关系委员会的新成员。但是,在上述1名成员期满离职前夕,参议院仍没有对奥巴马提出的3人提名做出确认。

鉴于参议院对人事任命的不作为,奥巴马考虑利用参议院休会机会行使休会任命权。不过,在第112届国会期间,参议院一直采取"形式上会期"的做法,部分原因乃是想阻止总统利用参议院休会而独自任命联邦政府官员。这种形式上开会的做法获得参议院的一致同意。参议院还一致同意,从2011年12月20日至2012年1月23日为参议院形式上开会,但不行使任何形式的公务,其间有短暂休会;参议院第二次会议于2012年1月3日中午12点开始。

2012年1月4日,奥巴马利用参议院形式上开会之间的一个短暂休会,独自任命了上述三名全国劳工关系委员会成员。他成为历史上第一位在参议院"走过场式"会议休会时进行单独人事任命的总统,其做法因而引起巨大的争议。参议院共和党人和他们的企业同盟者对奥巴马这一做法提出批评和挑战,声称参议院并未休会,人事任命事宜应该征得参议院的意见和同意。参议院少数党领袖、共和党人米奇·麦康乃尔(Mitch McConnell)等开始策划对奥巴马实施反击行动,挑战在他们看来美国总统如何史无前例地滥用了行政权力。这被看作导致美国法院做出裁决的早期重要推动之一。

诺埃尔·坎宁是一名来自华盛顿州的百事可乐饮料瓶装商。2010年,诺埃尔瓶装公司身陷一起商业纠纷。2012年2月8日,全国劳工关系委员会对其进行仲裁,认定该公司违反了全国劳工关系委员会相关条例。参与仲裁的三名全国劳工关系委员会官员均为上述奥巴马休会任命的官员。诺埃尔·坎宁不服,遂向法院提出审核请求。在请求书中,坎宁声称全国劳工关系委员会对其罐装公司做出的仲裁是无效的、无强制力的,理由是奥巴马对此三名官员的休会任命是违宪的。

2013年1月25日,美国哥伦比亚特区巡回上诉法院做出裁决,认为奥巴马对全国劳工关系委员会三名官员的休会任命违宪,理由是,参议院在此期间并未正式休会。但白宫认为,参议院形式上开会乃是法律上的虚设架构,旨在阻止总统行使宪法赋予的休会任命权。白宫还认为,确定国会是否休会不能仅由参议院时间表来决定,总统也可通过评估参议院是否具有行使"意见和同意"功能来决定参议院是否处于休会。鉴于此案涉及对总统休会任命解释的挑战,全国劳工委员会乃将此案上诉至最高法院裁决。

在许多情况下,美国最高法院会以属于"政治问题"为由,拒绝就国会和总统之间的权力之争做出裁决。2014年6月26日,最高法院维持哥伦比亚特区巡回上诉法院的裁决,认定奥巴马对这三名全国劳工关系委员会成员的任命无效。理由是,处于形式上开会的参议院并未休会,其间,人事任命应该征得参议院的"意见和同意"。这一裁决使得全国劳工关系委员会在休会任命三名成员供职期间做出的所有决定无效。最高法院更具有针对性的裁定称,美国宪法把国会是否(以及何时)处于休会的决定权给予国会。参议院不进行日常运作,但若没有正式宣布结束或解散会议,它不算处于休会期。

美国最高法院这一裁决结果可能对美国政治产生深远影响。从即时影响看,它正值国会共和党人和白宫民主党人之间党派政治争斗激烈以及国会中期选举即将到来之际。白宫方面称,奥巴马对最高法院的判决"极度失望",但表示尊重最高法院的裁决,并认为该裁决"保留了总统行政权力的重要部分,总统将毫不迟疑地行使自己的权力"。

对于许多共和党人来说,这一裁决是对奥巴马政府的一个重大政治挫折。自奥巴马入主白宫以来，共和党人几乎对奥巴马的每一项重大举措都唱反调，并批评这位民主党籍总统逾越宪法权力。他们还指望，在即将到来的2014年国会中期选举中，共和党能够重新夺回对国会两院的多数席位，重铸美国政治及社会发展的未来。

从长远看，最高法院的这一裁决是对美国宪法的一种维护，也有利于维护参议院的人事任命权。它将进一步限制总统谋求绕开参议院介入而单独行使休会任命的做法，逐渐使总统的休会任命权名存实亡。

当然，美国最高法院的裁决只是对奥巴马行使休会任命权表明态度，并非从根本上解决国会和总统之间存在的权力争斗。在面临国会僵局时，奥巴马越来越多地利用行政令来推进其议程。对于奥巴马"滥用"行政权力的做法，国会共和党人似乎到了忍无可忍的地步。就在最高法院做出裁决的前夕，共和党籍国会众议院议长约翰·博纳（John Boehner）表示，他计划起诉奥巴马总统，控告他滥用行政职权，绕过国会擅自采取有关医疗保健、能源及对外事务方面的政策和措施。在给国会众议院共和党人的一份备忘录中，博纳称奥巴马像一个"国王"滥用自己的权力，其行为将美国选民和国会置于风险之中。白宫方面则称，奥巴马的行动有其"坚实的法律依据"，国会应该与白宫携手合作，而不是将其告上法庭。

综上所述,美国国会和总统之间的矛盾和冲突,乃是美国宪法框架导致的一个无法避免的后果。人事任命正在成为美国国会和总统之间权力斗争和政治紧张的来源。除了行政效率的考虑外,绕开参议院对人事任命的参与和干预,乃是美国总统日益把休会任命权作为自己单边行动工具加以使用的重要考量。

国会和总统之间的矛盾和冲突仍与党派政治交织在一起。历史上,两党(共和党和民主党)总统都动用过休会任命权,而且两党参议员们也都分别猛烈抨击过休会任命权。由于党派政治的分歧,属于某一党派的参议员往往抨击和阻挠属于另一党派的总统行使休会任命权。这就出现一个非常有趣的现象:当年的奥巴马反对现在的奥巴马,而现在的共和党人则反对当年的共和党人。

长期以来,法院部门经常以国会和总统间的权力之争属于"政治问题"为由,认为这些争论不适合在司法领域加以解决。不过,一旦法院部门决定介入其中,它将对美国政治产生深远影响。美国最高法院在"全国劳工关系委员会诉坎宁"案中做出的裁定,旨在限制总统不当使用人事任命中的休会任命权。

第六章
其他单边政策工具

倘若把总统单边行动比喻为一个政策工具箱——采取单边行动具体表现为使用一定的政策工具——那么这个箱里备有各式各样的工具。一些工具固然名称不同，但其使用的目的和功能则大同小异，尤其是备忘录和公告，在诸多方面与行政命令有相似之处，以至于它们经常彼此被交替代称，甚至连总统本人有时也难辨它们之间的区别。

本章扼要讨论另外三种单边政策工具，它们是行政协定、总统备忘录和总统公告。传统上，这些政策工具并不引人关注。进入21世纪以来，面对日益分裂和极化的立法部门，美国总统变得更加频繁地使用它们。对这些政策工具的广泛使用，成为总统寻求行政立法的一条重要捷径。

第一节 行政协定

在讨论美国总统单边行动方面,一个长期被忽视的话题也许是行政协定。广义地讲,行政协定是对美国缔结的、没有寻求参议院意见和同意的国际协定的统称。狭义地讲,它是总统与外国政府缔结的一种文件。一般认为,美国缔结的国际协定大体有三种形式:条约、行政协定以及国会-行政协定。本节主要讨论行政协定和国会-行政协定。

(一) 行政协定

行政协定大体有三种类型。一是涉及程序方面的行政协定,倾向于公文式的文件,如邮政协定、互惠贸易协定、民航协定等。这类协定确立规则和条例,以便有关国家之间更好地相处。二是涉及分配物质产品的行政协定。它提供具体的物质方面约定,如农业援助、技术援助和国际救济等。三是涉及军事和防务的行政协定,如相互防务援助、海上舰艇租借、军事使团派遣等。就行为体而言,程序性协定(如邮政协定)通常由官僚部门官员负责,总统在很大程度上给予监督。与防务有关的协定通常涉及国防部和国务院,也有总统本人参与的情形。有关具体物资的协定通常由国务院和至少另一个官僚部门参与进行,总统有时也会参与。从这个意义上讲,行政协定不仅涉及领域和内容不同,而且涉及的行为体也不尽相同。

根据美国宪法,总统有权进行缔约谈判并缔结条约,但该条约须征得参议院的意见和同意方可生效。"协定"(agreement)一词在美国宪法里只出现过一次,《美国宪法》第一条第十款规定:"任何一州,未经国会同意……不得与他州或外国缔结协定或盟约。"宪法明确规定,这些是国际协定而不是条约。但没有规定这类协定可以由总统缔结,或者可在没有国会的同意下由任何人缔结。宪法固然没有明确禁止行政协定,但对条约权所进行的谨慎分工,可以被理解为试图确保行政部门在处理国际事务时不能没有国会的声音。

因此,"行政协定"(executive agreement)是一个区别于《美国宪法》第二条所规定的"条约"(treaty)概念。两者的缔约程序固然有所不同,但在国际法上对美国具有同等的法律约束力。1937年,最高法院对"美国诉贝尔蒙特"(*United States v. Belmont*)案做出有利于行政协定的裁决。1933年,美国与苏联建立正式外交关系。此案被告系纽约一家地方银行。俄罗斯一家公司于1917年十月革命之前把资金存入该银行。后来苏联将该公司国有化,并试图在美国政府协助下收回该公司的这笔海外资产。银行援引纽约地方法而拒绝予以合作。美苏两国外交协定可以强迫银行交出其资产吗？最高法院裁决的回答是肯定的,联邦(而不是地方)政府享有处理国际事务的全部权力,存在着各种各样的条约,它们不需要征得参议院的同意。

尽管如此,目前对行政协定仍然存在一些争议。一种观点认为,行政协定是在没有获得国会参议院同意和咨询的情况下,由总统与另一个国家达成的谅解。它与条约之间的一个明显区别在于,前者的实质内容较少,更多带有意图和过程的成分。① 另一种观点认为,关于行政协定与条约之间的主要区别,一直没有令人满意的理解和解释。可以肯定的是,条约需要得到参议院的意见和同意,行政协定则不需要。还有一种观点是,行政协定是总统在行政权力范围内单方面与外国达成的国际协定。不管怎么说,一个得到共识的看法是,行政协定是总统或总统授权的代表与外国领导人(或者说得到授权的代表)或政府之间签订的一份约定而不是条约。它的文本不需要经过参议院同意便可生效。

在大多数情况下,行政协定被用于作为处理日常事务的工具。一个好处在于,它在总统和外国政府之

---

① Lawrence Margolis, *Executive Agreements and Presidential Power in Foreign Policy*, New York: Praeger, 1986, p.24.

间缔结之后,无须送交参议院咨询和同意,而且通常可以立即生效,或者在谈判达成后不久便生效。相比之下,条约就不是这样,有时候,一个总统启动某项条约的谈判,但是缔约时可能成了另一个总统。除了总统行政权威作为基础之外,条约也是总统缔结行政协定的权威来源。为了具体履行一项已经生效的条约,美国需要与他国进一步签订有关部门间的协定。一些行政协定是现存条约的常规延伸,或者以广泛的立法指令作为基础。譬如,1952年2月,根据《日美安全保障条约》第三条的规定,美国和日本签订"日美行政协定",详细规定驻日美军在日本的地位及特权,包括日本向美军提供基地和设施,承认美国有权使用、管理和保护这些基地及设施,美国军人及家属享有治外法权,日本每年向美国支付防卫费用等。不过,此类行政协定不得突破条约的范围,尽管它具有相同的法律地位,并可以推翻之前缔结的、与之冲突的条约或联邦法令。总之,行政协定仍被认为是美国和外国政府之间缔结的有效国际协定。尽管它不能超越美国宪法之上,但它在其他许多方面具有约束力。

不过,也存在着总统不顾国会反对、利用行政协定去改变美国对外政策的情形。或者说,使用行政协定的一个主要目的是为了扩大总统行政权力,避免来自参议院对总统权力的干预。现代总统可利用行政协定去做通过条约才可完成的任何事情。① 贸易协定、领土兼并、军事投入以及军备控制等都可以通过行政协定的形式加以缔结。美国卷入第二次世界大战和越南战争,乃是通过这类行政协定实现的。"珍珠港事件"发生之前,大部分美国人把二战视为欧洲人争夺殖民地的战争,因此希望避免卷入其中,即使在战争对英国很不利的情况下——英美是一战结束后最为密切的盟友——许多美国人仍然赞成保持中立。另一个例子是越南战争。约翰逊利用行政协定实现美国对越南战争的逐步升级。在美国对外贸易实践中,"大量的行政协定"也被广泛采用并"起到关键作用",像"北美贸易自由协定"等。② 显然,行政协定一直是而且仍然是总统经常使用的重要工具之一。自二战结束以来,行政协定的数量扶摇直上。有研究指出,1981—1996 年,美国政府只签订了 289 个条约,而行政协定则有 5 327 个。③

有时候,总统和国会在行政协定的问题上会采取彼此妥协的态度。国会意识到,总统作为个人,在行动上比立法部门具有更大的灵活性、快捷性和缜密性。

---

① Michael Nelson, ed., *The Presidency A to Z*, Washington, D.C.: Congressional Quarterly Inc., 1998, p.174.
② 徐泉:《美国行政协定的合宪性分析》,《现代法学》2010 年第 3 期,第 131 页。
③ Michael Nelson, ed., *The Presidency A to Z*, Washington, D.C.: Congressional Quarterly Inc., 1998, p.174.

因此,国会经常让总统代替执行国会的"意愿",在这个过程中,国会把"放弃自己的一些权力给总统"作为交换。[1] 1934 年 3 月,国会通过《互惠贸易协定法》,将贸易决策权在一定时期内授予总统,总统可以与外国政府谈判并签订贸易协定,该协定无须国会批准即可生效。另一方面,总统有时也会谋求获得国会两院多数对行政协定的同意。据说,泰勒算是第一个在行政协定方面寻求与国会合作的美国总统。1845 年,他就合并得克萨斯问题而签署的行政协定得到国会两院的同意。为了避免启动正式的条约程序而使用行政协定,他的这种做法并未引来国会的反对,因为国会也卷入了这项对外政策的制定。

不过,在未经国会同意的情况下,总统利用行政协定从事单边行动,便会引起国会的特别关注。20 世纪总统对行政协定的频繁使用却避开国会的参与,被看作对美国联邦权力制衡原则的伤害和削弱。但总统方面认为,作为国家对外政策的"唯一机构",他们拥有执行法律和指挥军队的权力,享有权力从事行政协定的签署活动,而无须获得国会的意见和同意。

不管怎么说,二战结束后,国会还是做出了一些努力,试图对总统签署行政协定的权力加以限制。

---

[1] Lawrence Margolis, *Executive Agreements and Presidential Power in Foreign Policy*, New York: Praeger, 1986, p.13.

1953年,来自艾奥瓦州的国会共和党籍参议员约翰·布里克(John Bricker)提出宪法修正案,要求国会对总统行政协定加以规范,但议案没有获得通过。1969年和1970年,国会对外关系委员会举行听证会,得知约翰逊政府缔结了一些秘密的行政协定,其内容包括美国资助那些愿意对美国在越南战争给予象征性支持的国家。1972年,国会通过《凯斯-扎布罗基条例》(Case-Zablocki Act),要求行政部门在缔结任何行政协定后60天内向国会报告,并向众参两院的国际关系委员会通报以国家安全为由而被白宫视为机密的行政协定。不过,国会后来发现,许多行政协定并没有按照《凯斯-扎布罗基条例》的规定向国会通报,因为行政部门没有将它们认定为行政协定。1977年,国会再次通过立法,要求作为美国政府或涉及美国的任何口头或非正式的谅解备忘录也必须向国会通报。①

尽管《凯斯-扎布罗基条例》没有能够有效地限制总统签署行政协定的权力,但是立法者们通过得知总统签署了哪些行政协定,有可能对行政部门的权力加以制衡。国会可以从事调查、颁布规则、通过法律及控制拨款等手段,对认为不明智或不妥当的行政协定提出挑战和制约。国会利用钱袋权、(参议院)条约权对

---

① Louis Fisher, *The Politics of Shared Power: Congress and the Executive*, 3rd edn., Washington, D.C.: CQ Press, 1993, p.157.

总统的对外政策权力构成制约。一般地说,钱袋权是国会最重要的权力之一。倘若没有资金,任何一项对外政策将难以执行。不过,这个权力是否还稳操在国会手里?还是说总统和行政部门有其他途径获得资金而无须国会拨款?如果是这样的话,国会对总统对外政策行为的掣肘将比人们想象的更脆弱。

(二)国会-行政协定

随着二战结束,美国开始广泛地卷入国际事务,国会-行政协定的数量也不断增加。所谓国会-行政协定,是指由行政部门缔结,由国会两院颁布的立法所授权和批准的国际协定。它依附于国际法而具有约束力,但不属于国际条约。国会-行政协定可分为两类:事先协定和事后协定。前者指国会通过立法或条约授权总统缔结的协定。后者指总统缔结协定,然后将它递交给国会征得其同意。

最具争议的是事后协定的宪法性问题。由总统缔结的行政协定,随后经国会的联合议案同意而生效是否违宪?从理论上看,美国学术界对此主要存在两种不同的观点——"诠释派"和"非诠释派"。"诠释派"认为,人们应该避免解读宪法里没有明确表述的宪法权力,因此,在《美国宪法》第二条缔约条款之外不存在授权总统签订协定,国际协定应该以条约的形式送交给参议院批准,然后生效并具有约束力。"诠释派"持反对国会-行政协定的核心观点是:若行政部门和国会可以通过国会-行政协定去创设任何国际协定,那么,最终的结果是超越了宪法的缔约条款。由于缔约条款要求参议院的三分之二多数议员批准,国会-行政协定没有提出宪法缔约方面所提出的立法标准。"非诠释派"则对宪法的解读不拘泥于文字。认为如果联邦政府不能在《美国宪法》第二条缔约条文之外缔结协定,那么美国的对外关系将被削弱。他们引用《美国宪法》第一条第十款,认为制宪者们当时考虑的是国际契约而不是条约,"国会-行政协定应该被视为符合宪法的"。①

从实际政策角度看,国会-行政协定同样引发争议。1992年,加拿大、墨西哥和美国的领导人签署了《北美自由贸易协定》,该协定确定三国在北美建立一个自由贸易区。克林顿没有把该协定作为条约送交给参议院批准。1993年12月8日,国会通过《北美自由贸易协定执行条例》并经由总统签署成为法律(Public Law 103-182),使该协定的条文在美国获得生效。

然而,一些劳工组织及非政府组织向联邦法院提

---

① Louis Klarevas, "The Constitutionality of Congressional-Executive Agreements", *Presidential Studies Quarterly*, 2003, Vol.33, No.2, p.407.

出诉讼,谋求法院宣布先前的《北美自由贸易协定》为违宪,因为它并未经国会参议院三分之二多数议员的同意,即未经过宪法规定的有关部门同意条约的程序。在"美国制造基金会诉美国"(Made in the USA Foundation v. United States)案中,地方法院认为,宪法没有阻止像《北美自由贸易协定》之类的协定。原告提出上诉,第11巡回上诉法院撤销了低一级法院的裁决,认为该案与政府部门有关,属于不可裁决的"政治问题"。由于《北美自由贸易协定》的主题属于赋予国会的权力范围之内,也属于赋予总统处理对外事务的权力范围之内,因此,巡回法院的看法是,对于商业协定,宪法明确地把权力交给联邦政府诸部门,由它们去处理国家的对外事务和商业咨询,法院不应该介入,去监督总统和国会在这件事情上的行为。于是,第11巡回法院裁定,该案不适合司法判断(non-justiciable)。最高法院拒绝复审该案而不调取案卷令状。因此,低一级法院撤销了此案,事实上允许《北美自由贸易协定》的成立。

涉及国会-行政协定宪法性问题的另一个案例是"塔吉鲁提马钠诉雷诺"(Ntakirutimana v. Reno)案。该案起始于克林顿政府与"卢旺达国际犯罪法庭"之间达成的一个协定。该协定呼吁逮捕在美国发现的战争罪犯,由"卢旺达国际犯罪法庭"起诉或定罪。该协定随后经国会通过的《1996年度国防授权条例》(Pubic Law 104-106)而生效。1996年,"卢旺达国际犯罪法庭"颁布了两份起诉书,控告塔吉鲁提马钠在1994年卢旺达种族大屠杀期间参与战争和种族屠杀的行为。居住在美国的塔吉鲁提马钠被美国联邦特工拘捕,从属引渡程序。第一次出庭时,塔吉鲁提马钠质疑对他引渡的合法性,理由是该引渡是经国会-行政协定而执行的。他认为,引渡的合法可行只有根据参议院批准的条约才有效。主审法官表示接受,塔吉鲁提马钠获释。联邦政府提起诉讼,这次,主审法官裁决:事实上在国会-行政框架之下引渡是遵守宪法的,塔吉鲁提马钠再次被拘留。在提出寻求人身保护权被拒绝后,他向第5巡回法院提出上诉。在二比一的裁决中,法院维护低一级法院对当事人的引渡证明。塔吉鲁提马钠在辩护中坚持认为,所有的引渡应该根据条约规定,国会-行政协定是违法的。但大多数人拒绝塔吉鲁提马钠的观点,他们引用"瓦伦丁诉美国"(*Valentine v. United States*)案的裁决,即法令或条约赋予引渡权,认为由国会1996年在《国防授权条例》中所确立的引渡是可行的。换句话讲,法院援引"瓦伦丁诉美国"案的裁决,证明国会-行政协定引渡塔吉鲁提马钠具有合法性。不过,巡回法官哈罗德·德默思(Harold DeMoss)不同意大多数人的观点。在他看来,以国会-

行政协定作为引渡依据违反了立法的"条约"条文,因为美国和"卢旺达国际犯罪法庭"之间达成的引渡协定不是一个条约,因此并不具有宪法性;塔吉鲁提马钠的人身保护权应该得到保证。尽管如此,最高法院拒绝调取案卷令状,塔吉鲁提马钠最终被引渡至"卢旺达国际犯罪法庭"。它意味着这份国会-行政协定被确立为有效。

需要指出的是,行政协定或国会-行政协定固然不等同于条约,也无须争取参议院的意见和同意,但是作为一种国际协定仍具有法律的效力。正如有评论者所指出,不论美国国内法如何看待行政协定,从国际法的角度讲,行政协定"属于条约的范畴",美国政府一旦缔结行政协定,美国作为国际法的主体"必须受到约束"。① 但有时候,一个部门对外缔结一项协定,却被另一个部门拒绝。它看似是由美国联邦政府权力分立原则所致,但实则经常服务于美国的国家利益及政治考虑。有评论者尖锐地指出,选择哪一种方式缔结国际协定——条约、行政协定、国会-行政协定——乃是美国政府的"一个战术问题"。② 在国际政治现实里,国家

---

① 程乃胜、张荣现:《论美国行政协定》,《安徽师范大学学报》(哲学社会科学版)1998年第4期,第3—5页。
② 吕芳:《美国总统的行政协定权——兼论美国国会在外交协议中的作用》,《中国社会科学院研究生院学报》2005年第2期,第45页。

若不尊重国际伦理和道德,即便是条约也可不被遵守甚至被撕毁。

第二节 总统备忘录

所谓总统备忘录,是指总统对行政部门官员做出的指示,白宫称其为"备忘录"(memoranda)。[1] 在早期,它有时也被称为总统信件。与行政命令一样,备忘录主要针对行政部门发出指示,也具有所谓的法律效力,类似于总统签署成法的国会条例,只是其效力显得更为脆弱些。从实际上看,备忘录也类似于行政命令,行使各种不同的功能,有些备忘录含有实际的政策内容。备忘录有时甚至被看作行政命令的另一种说法,因为两者在使用上并没有明确的界定标准,甚至总统(如克林顿和奥巴马)有时候也将它们彼此混用。近年来白宫也会把备忘录和行政命令统称为"总统指令"。

尽管如此,备忘录和行政命令之间还是存在着一些区别。一个最为根本的区别是:备忘录不需要经过任何正式程序便可生效;行政命令则是唯一需要经过

---

[1] Phillip J. Cooper, *By Order of the President: The Use and Abuse of Executive Direct Action*, Lawrence: University Press of Kansas, 2002, p.83.

正式程序加以颁布的指令。两者之间的具体区别如下。首先,行政命令需要被纳入美国政府官方行为记录并公布;备忘录则无须在《联邦纪事》上公布(除非总统指示予以公布),通常也没有编号或索引,因此更难统计其数量。不过,大部分的备忘录会被收录入《每周总统文件汇编》(Weekly Compilation of Presidential Documents)和《总统公开文件》(The Public Papers of the President)。其次,行政命令必须确定该命令是否基于美国宪法和法律,而且必须说明执行该命令的费用;备忘录则不需要宪法或法律的授权,也无须说明行动的成本,除非其成本超过1亿美元。这样,行政命令似乎比备忘录更具权威。再次,一份行政命令的修改或废除,只可以经由另一份行政命令去进行;一份备忘录可由另一份备忘录对其加以改动。最后,行政命令经常是对组织的,用于创设新的行政部门机构、执行政策的程序及规则,内容涉及对他国的经济制裁、宣布国家紧急状态、给予联邦雇员休假等;备忘录被用于向总统授权行政部门官员从事国会要求白宫提交的报告和其他事项、启动调节程序、指示某个具体部门或机构进行某项(政策)活动等。

如同行政命令一样,许多备忘录是白宫发出的例行公事文件。不过,有些备忘录在改变美国对外政策方面产生过重要的影响。2016年9月,奥巴马签署"气候变化与国家安全"总统备忘录,要求各政府部门在制订落实国家安全政策和计划时,将气候变化的影响因素考虑在内。这份备忘录表明美国政府开始应对气候变化对国家安全的影响。次年6月,特朗普却宣布美国将退出《巴黎气候协定》,这一举动对奥巴马时期制定的环保措施构成严重打击。2017年1月23日,特朗普入主白宫不久便签署一项备忘录,宣布美国退出"跨太平洋伙伴关系谈判及协定"。它意味着美国贸易政策开始发生重要变化。正如一位评论者指出,在战略性地改变美国公共政策方面,备忘录正在成为最危险的总统"指令"。①

备忘录大体分为三类:用于从事决定的备忘录、表达否决的备忘录,以及用于劝说的备忘录。总统通过颁布备忘录做出某种决定,尤其用于说明海外紧急状态。许多备忘录属于这一类,被视为总统处理对外关系的"传统政策工具"。② 1999年1月至9月,克林顿就科索沃危机先后颁布了五份备忘录。同年,他还就

---

① Jessica M. Stricklin, "The Most Dangerous Directive: The Rise of Presidential Memoranda in the Twenty-First Century as a Legislative Shortcut", *Tulane Law Review*, 2013, Vol.88, No.2, pp.397-398.
② Phillip J. Cooper, *By Order of the President: The Use and Abuse of Executive Direct Action*, Lawrence: University Press of Kansas, 2002, p.99.

东帝汶问题颁布了一系列备忘录。总统也通过颁布备忘录的形式表达对某件事情的否决意志。实际上,这种备忘录是一种总统对否决意见的公开陈述。1989年11月,布什颁布一项否决备忘录,反对国会众议院通过所谓"给中国移民提供紧急救助"的议案(H. R. 2712),认为该议案"完全没有必要"存在。2019年7月26日,特朗普签署一份备忘录,呼吁对发展中国家在世界贸易组织中的地位进行改革,对作为世界第二大经济体的中国仍然被列为发展中国家表示不满。

使用备忘录可以带来像使用行政命令那样的好处:它可以使总统的某项政策或想法更易于被公众知晓;它是总统说明紧急状况和掌控民众对事态反应的一种灵活方式;同其他形式的单边政策工具一样,它可以避开甚至抗衡国会的权力;它不仅可以作为扭转或修改先前政策的一种工具,而且还是总统在对外政策领域采取重大行动的一种方式。与此同时,随着备忘录不断成为取代立法、改变政策方向的工具,对它的使用、误用乃至滥用成为美国联邦政府的一个严重挑战。

进入21世纪以来,备忘录正在成为总统广泛使用的一种政策工具。一项研究表明,在过去的20年里,总统备忘录的数量得到"急剧地增加",乃至"可能正在取代行政命令"。① 在一些因素的驱使下——譬如,在一个分立和极化的政府里、政治大选期间、入主白宫初期和任期的最后两年里、选民支持率下降时——总统会更趋于使用备忘录去实现自己的政治及政策目标。

特朗普入主白宫后,开启了美国政府对华政策的重大调整。在这个过程中,他采取一系列单边行动,除了颁布直接针对中国议题的行政命令及公告外,还签署了一系列对华政策备忘录。2017年8月14日,特朗普签署备忘录,指示美国贸易代表针对所谓"中国不公平贸易行为"发起调查,以确保美国的知识产权和技术得到保护。2018年3月22日,特朗普在白宫签署一份备忘录,宣布依据"301调查"结果,对从中国进口的商品大规模征收高额关税,对中资投资美国设限,并在世界贸易组织采取针对中国的行动。所谓"301调查"源自美国《1974年贸易条例》里的第301条,该条款授权美国贸易代表可对他国的"不合理或不公正贸易做法"发起调查,并可在调查结束后建议总统实施单边制裁,包括撤销贸易优惠、征收报复性关税等。这一调查具有强烈的单边主义色彩。2020年6月4日,特朗普签署一份题为"关于保护美国投资者避免中国企业重大

---

① Kenneth Lowande, "After the Orders: Presidential Memoranda and Unilateral Action", *Presidential Studies Quarterly*, 2014, Vol. 44, No. 4, p.739.

风险"的备忘录,要求行政部门下属60天内就如何"打击某些在美上市中国企业"提出建议并向总统报告。这年恰逢美国政治大选年,中美关系面临着过去40年来最为严峻的考验。

第三节 总 统 公 告

总统公告(presidential proclamation)是另一种常见却不引人关注的单边政策工具。它旨在陈述一种状态、宣布一项法规和提出服从要求、承认发生某个事件或推动某项执法进程。它可以要求政府以外的美国公民——甚至外国或外国公民——承认其公告的有效性,使他们遵守该公告。如同行政命令一样,总统公告应该依据法律或国会授权而颁布,被记录编号并在《联邦纪事》上公布于众,具有一定的法律效力。①

一般认为,行政命令和总统公告之间的主要区别在于,前者主要针对行政部门内部的官员,后者则是针对政府部门以外的人。不过,这种区别并非总是明晰。为了应付特殊复杂的情形,总统会同时采用不同的政策工具。譬如,在谋求处理海地难民问题时,当时的老

---

① Brandon Rottinghaus and Jason Maie,"The Power of Decree: Presidential Use of Executive Proclamations, 1977-2005", *Political Research Quarterly*, 2007, Vol.60, No.2, pp.338-343.

布什和后来的克林顿均同时使用了行政命令——指示美国海岸警卫队对海地难民采取拦截、处理和遣返行动——和总统公告——针对那些寻求对海地难民提供援助的美国公民,宣布有关的法规和政策。从数据上看,现当代总统——从克林顿到特朗普——使用总统公告在数量上远超过他们对行政命令的使用(如表6-1所示,并可以与第二章表2-1比较阅读)。

表6-1 美国总统公告数量(1993年1月—2021年1月)

总统	年份	总统公告	数量(份)
克林顿	1993—2001年	编号从6525至7402	878
布什	2001—2009年	编号从7403至8342	940
奥巴马	2009—2017年	编号从8343至9569	1 227
特朗普	2017—2021年	编号从9570至10139	570

数据来源:笔者根据"联邦纪事"网站(www.federalregister.gov)的数据制成本表。

传统上,许多美国人把总统公告看作一个无足轻重的文牍文本。不过,总统公告有时候也会给美国国内社会及对外政策产生重要的影响。1793年4月22日,华盛顿颁布一项公告,宣布美国在一场以英法为主的欧洲战争中保持中立。从政治后果上看,该公告实际上是有利于英国的,因为它阻止了法国在美国征集军队和资金。1863年1月1日,林肯签署了《解放黑人奴隶公告》(第95号),要求释放所有南北战争期间在不受联邦控制的各州生活的奴隶。尽管南方州已经反叛联邦政府并脱离联邦,但该命令确保逃到北方各州的所有奴隶都是自由的。杜鲁门成为美国总统后采取的第一个行动,便是颁布了一项公告(第2648号),向世界告知罗斯福总统去世。二战期间,公布美军统帅死亡是一件重大事情,它可能"使国家震惊,使盟国的信心受到动摇,使敌人的士气得到鼓舞"[1]。

历史上看,总统公告主要用于指导对外政策的发展和执行、就特定状况或难题做出正式陈述、确定国家紧急状态并采取行动、处理国家公园和联邦土地事宜、宣布赦免等。有研究者从性质上把总统公告分为三类:一种(也是最为常见的一种)是勉励性公告,它对一定的个人、团体或机构、事件给予赞扬和鼓励;另一种是规范性公告,它依据一定的法律条文和宪法权力,说明总统采取一定行动的合法性和决心;还有一种是政策性公告,它向社会民众宣布某项政策,并经常与其他政策工具——如行政命令或行政协定——结合起来使用。[2]

---

[1] Phillip J. Cooper, *By Order of the President: The Use and Abuse of Executive Direct Action*, Lawrence: University Press of Kansas, 2002, p.117.

[2] Phillip J. Cooper, *By Order of the President: The Use and Abuse of Executive Direct Action*, Lawrence: University Press of Kansas, 2002, p.117.

在对外政策方面,上述华盛顿于1793年的颁布一项公告是使用于对外政策领域的首例。华盛顿的决定是在"汉密尔顿的敦促下"做出的,后者对英国抱有同情。但是,亲近法国的美国人在托马斯·杰斐逊的领导下,批评这份总统公告,认为华盛顿篡夺了国会权力。宣布不卷入欧洲战争意味着宣布不参战,但根据美国宪法,决定是否对外宣战的权力在国会而不是总统手里。然而,汉密尔顿竭力捍卫华盛顿的行为,称行政部门在采取对外政策行动方面具有重要的责任,尤其在没有国会宣战的情况下更是如此。为了满足杰斐逊等人的要求,华盛顿在公告中没有使用"中立"一词,而是以"尊重各有关交战国家所采取的行动"来表明美国政府的立场,并告诫美国公民避免采取可能违背该立场的行动和做法。华盛顿的这份所谓"中立"公告尽管最终得到国会的批准,但在国会两院引起激烈的争论。争论的一个焦点是,总统是否有权颁布这种公告。最终,华盛顿在这场争论中占据上风,从而在美国历史上开辟了总统在对外事务方面利用公告作为政策工具的先例。

1975年5月7日,福特签署一项公告(第4373号)涉及战时退伍军人享受津贴费的资格。一般认为,这份公告实际上正式宣告"越战岁月"的结束,美国最终从越南战争的泥潭里走出来。2020年6月,正值美国政治大选趋于激烈,特朗普签署公告(第 10052 号),宣布政府暂停发放部分类别的工作签证,同时将暂停发放绿卡的行政命令有效期延长至 2020 年年底。白宫称这一做法是为了保障美国劳动者的就业,但它更迎合了美国国内"移民鹰派"人士及组织的需要。

  如同行政命令一样,总统公告也可被用于宣布"国家紧急状态"。1939 年 9 月 8 日,罗斯福签署公告(第 2352 号),宣布国家进入有限紧急状态以动员国民力量。1941 年 5 月 27 日,他签署公告(第 2487 号),宣布国家进入全面紧急状态。1980 年,卡特先后签署三份公告(第 4744 号、第 4748 号和第 4751 号),试图通过石油进口调节计划去应对当时的中东石油危机。2019 年 2 月 15 日,特朗普签署公告(第 9844 号),认定美国南部边境出现的局势构成"国家紧急状态"。

  总统公告也被用于总统的特赦令。依据《美国宪法》第二条第二款,除了弹劾案之外,总统"有权对于违反合众国法律者颁赐缓行和特赦"。如今,每年的感恩节,白宫都要举行赦免火鸡仪式,象征性地展示总统的行政仁慈及赦免权。从历史上看,许多总统利用签署公告的方式发布各种特赦令。在国家动乱平息或战争结束之后,更是如此。使用赦免权最多的总统是二战时期的罗斯福,其次是一战时期的威尔逊。首次使用总统赦免权的是华盛顿。在平息了农民抗税起义——

史称"威士忌起义"(Whiskey Rebellion)——后,他于1794年赦免了从事反叛暴动者。最具争议的总统赦免之一,乃是福特继任总统后不久签署的一份公告(第4311号),它"预防性地"赦免了他的前任、因"水门事件"而辞职的尼克松,旨在安抚国家遭遇的创伤,并使后者免遭可能面临的起诉或审讯。

如同行政命令一样,总统公告也会引起司法的争议和裁决。1934年,罗斯福颁布一项公告,阻止美国向正处于交战双方的两个拉丁美洲国家——玻利维亚和巴拉圭——出售武器和弹药。与华盛顿总统不同的是,罗斯福在得到国会两院联合决议案支持后,才按照公告内容采取行动。尽管这件事引起一场法律上的纠纷(即"美国诉柯蒂斯-赖特出口公司"案),但是,最高法院做出的裁决支持了罗斯福的做法,认为总统是对外关系领域中的"唯一机关"。这个例子说明法院部门对总统在对外事务方面拥有广泛的权力予以认可。

2017年特朗普入主白宫后,利用行政命令(EO 13780)和公告(第9645号)等方式颁布移民限制令,但屡次被地方法院"冻结",并遭到国内外舆论对其歧视穆斯林的质疑。该令禁止乍得、伊朗、利比亚、朝鲜、叙利亚、也门和索马里等七国公民进入美国,委内瑞拉的部分官员也不得进入美国。之后,美国政府宣布将乍得从名单中剔除。2018年6月,在"特朗普诉夏威夷"

(*Trump v. Hawaii*)案中,最高法院以 5 名保守派大法官投票赞成、4 名开明派大法官表示反对的结果做出裁决,对特朗普的移民限制令予以支持,认为第 9645 号总统公告完全是在总统权力范围内,最高法院不仅考虑总统的言论,而且考虑总统的职权本身。

不过,对于特朗普的另一个公告,法院则做出了不同的裁决。2019 年 10 月 4 日,特朗普签署一份题为《暂停给美国医保体系带来经济负担的移民进入》的公告(第 9945 号),要求申请移民签证者必须提供健康保险,或者拥有经济来源支付可能的未来医疗费用。10 月 30 日,一些个人和团体联名向俄勒冈地方法院提起诉讼,对该公告的内容表达不满。11 月 2 日,也就是公告生效的前一天,地方法院颁布一份临时限制令,宣布阻止该公告在未来 28 天里实施。2020 年 5 月,第九巡回上诉法院驳回被告请求,维持地方法院做出的裁决。这是法院部门对总统不当使用行政权力的明确否定。

第七章
余论:国会政治极化和总统权力膨胀

美国总统行政特权以及它的膨胀构成一种美国历史现象。对一系列单边行动工具——行政命令、国家安全指令、签字声明、行政协定、休会任命、总统备忘录、总统公告——的探讨,一定程度地揭示出美国联邦政府权力运作背后的复杂情形。几乎每个美国总统都不同程度地使用(滥用)过颇受争议的单边行动工具,有些做法甚至给个人、国家乃至国际关系带来错综复杂的政治及政策后果。

显然,这种行政特权还会继续存在于美国的政治生活里,因为第一章所讨论的美国总统行政特权现象背后诸原因依然存在,尤为突出的乃是日趋严峻的国会政治极化,它给总统更大胆、更频繁地采取单边行动提供了机会,自然也对总统的治理国家能力构成挑战。

本章扼要讨论当今美国政治极化、总统权力膨胀、过度单边行动的政治风险之间的相互作用和关联。

第一节 党派之争依然激烈

一定程度上讲,美国建国初期设计的政治体制以及由此所确立的一套传统,不仅影响着美国政治历史进程,而且对这个国家后来为何以及如何出现政治极化现象提供了土壤和条件。政府权力分立、(以选区为基础的)代议民主、国会两院制、多数票取胜选举、联邦主义以及私有财产不可剥夺等,所有这些制度性理念及民主安排,原本旨在防止出现任何政府部门权力过于集中、膨胀和滥用,但也带来不同政治势力及利益集团之间相互抗衡、抵制乃至冲突的潜在可能。

所谓极化,通常指事物在一定条件下走向极端的方向,使其性质相对于原来的状态发生偏离。在政治上,它可表现为保守的政党朝着更为右翼方向发展,开明的政党朝着更为左翼方向发展,从而造成两党之间原本重叠的部分逐渐消失。在美国,政治极化是一个由上至下的蔓延过程,从联邦政府层面向州及地方政府层面,乃至向族群社区层面不断延伸。它主要呈现为三个不同但彼此构成关联的方面:党派之间意识形态上的深刻分歧、公共政策制定上的严重僵持,以及由此造成国内社会矛盾激化。或者说,党派意识形态分歧主要表现为:"开明的"民主党和"保守的"共和党之间存在着世界观的尖锐对立;各自根深蒂固的信念和价值,使得党派之间达成政治妥协的意愿日趋淡漠,造成联邦政府制定公共政策的基本功能受阻甚至失灵;极端的意识形态和政策上的严重僵持,引发美国社会大众心理和情绪出现撕裂现象。

首先,党派之间严重的意识形态分歧构成当代美国政治极化的一个主要方面。两大政党(共和党和民主党)在世界观方面的根本差异,保守和开明之间的观念及价值对立,乃至更为广阔的美国社会及文化冲突,所有这些把美国政治推到极端对立的两个方向。从历史上看,美国一直存在着两种主要价值观,它们彼此紧张对立却共存于这个国家的政治日常生活里,并经常在其社会和文化的理论和实践中得到表达。这两种价值观衍生出截然不同的两种世界观,成为美国政坛两党产生意识形态分歧的重要来源。

一种是社会上盛行的个人主义价值观。它强调个人在社会中的突出地位及作用,追求个人意志及行动的自由,其核心理念是:一切均以个人为中心;社会要体现个人的意愿;政府要保护个人的利益。作为一种思想观念乃至生活哲学,这种体现为自我依靠的个人主义一直被许多美国人所倡导和追求。人们赞赏和钦佩那些凭自身努力、艰难起步而最终走向成功的人。个人奋斗是对成就和财富的一种诠释；失落和贫困则经常归咎于个人不够勤奋。于是，(极端)个人主义被视为美国文化的核心价值之一。①

另一种价值观乃是社群主义，强调共同利益高于个人权利。它同样存在于美国社会及文化中，但并非像个人主义那样被经常提及。如同其他许多国家一样，美国人也倡导集体观念，包括强调家庭和睦、团队精神、社区服务、对弱者给予同情及帮助。倘若说个人是社会这个有机体的细胞，社群则被看作各种个人利益的结合体。为了实现单凭个人努力难以达到的目的，人们彼此达成契约、结成社团、相互协作。换句话说，依据社会交换原则，个人自愿加入某个社群，通过为社群作出贡献去换取契约中规定获得的自我利益。

对于这两种相互竞争且深扎于美国社会的价值

---

① 这种意识形态在20世纪被美国作家安·兰德(Ayn Rand)鼓吹和宣扬到难以复加的地步。她把理性的个人"自私"及"利己"视为一种"美德"，轻视"利他主义"以及政府规范市场等社会价值。兰德著有《自私的德性》[(*The Virtue of Selfishness*)，1964年]；其主要小说《源头》[(*The Fountainhead*)，1943年]和《阿特拉斯耸耸肩》[(*Atlas Shrugged*)，1957年]突出表达了作者所称的一种"客观主义"哲学观。在助长现代美国保守主义思潮蔓延方面，还有弗里德里希·哈耶克(Friedrich Hayek)、罗伯特·诺齐克(Robert Nozick)等人。

观,倡导个人"自由"的共和党保守主义者更重视前者;主张社会"公平"的民主党开明人士则更强调后者。在美国政客和知识精英那里,它们繁衍出两种截然不同的世界观。富兰克林·罗斯福曾经对开明派和保守派人士(或者说,民主党人和共和党人)之间做过一个划分:开明派人士相信,"随着新的状况和难题不断出现,而且超出作为男女个人的力量所能应对,政府本身便有责任寻找良方去应对它们";保守派人士认为,对于不断出现的新状况和难题,"政府没有必要插手"。① 罗斯福对美国两党观念差异的这种根本区分,在今天看来仍不失为有效。

有关政府作用及规模的全国辩论,可谓扎根于美国社会土壤的一种国民思想遗产。早在美国建国初期,美国作家托马斯·潘恩(Thomas Paine)便在一个广为流传的小册子里写过,政府是一个邪恶,但却是一个"必要的邪恶"。② 在联邦党人那里,人们就建立一个强有力的联邦政府达成共识,但对政府作用的看法存

---

① 转引自 Tom Daschle and Charles Robbins, *The U.S. Senate*, New York: St. Martin's Griffin, 2013, p.15.
② Thomas Paine, *Common Sense* (1776), Nashville: Sam Torode, 2009, p.3. 类似地,联邦党人也对政府提出了一种看似自相矛盾的看法:"政府本身若不是对人性的最大耻辱,又是什么呢? 如果人都是天使,就不需要任何政府了。"引自汉密尔顿、杰伊和麦迪逊:《联邦党人文集》,程逢如、在汉、舒逊译,北京:商务印书馆1995年版,第264页。

在明显分歧。① 到了现当代,在众多保守的共和党人眼里,联邦政府被看作个人及市场自由的侵蚀者、"自我依靠"理念的危害者,它的诸多作为既未体现出其治理能力,也缺乏社会效率。既然自我奋斗是美国社会所倡导的一种价值,那么它的对立面则是对他者依赖。在他们看来,各种社会难题应该让自由市场去解决,政府强制干预有可能把事情弄得更加糟糕。极端保守的共和党人甚至认为,政府是社会难题的制造者——而非解决者——政府本身构成了社会难题的一部分。因此,在政府规模上,保守的共和党人竭力倡导"小政府",反对和抵制"大政府",甚至有时极端地表现为"反政府"。

然而,对于大多数民主党人来讲,政府是促进社会公益事业的重要推动者。在应对超越个体能力及管辖范围之外的社会挑战方面,必要的政府参与和管理是至关重要的,因为政府能够给那些愿意并有能力工作的人提供就业机会和行动自由。换句话说,政府具备为整个社会提供公共产品服务的能力,奉行美国价值中倡导的人们分享以及关照社会弱者、贫者的集体责

---

① 在联邦党人中间,汉密尔顿坚持认为,政府应该在美国生活中做更多的事情;麦迪逊(至少在担任总统之前)则一直主张政府应该对社会少加干预。参阅汉密尔顿、杰伊和麦迪逊:《联邦党人文集》,程逢如、在汉、舒逊译,北京:商务印书馆 1995 年版。

任。在他们看来,政府并非对公民的个人自由构成了威胁。

政府是进步和个人自由的阻碍者,还是公共福利的推动者,有关政府作用的这种大相径庭的看法,成为美国两党意识形态分歧的"核心所在"。①

其次,这两个主要政党的全部活动不仅诠释着当今美国政治制度的运作,而且构成美国政府及权力的不可缺少部分。两党享有同样举足轻重的地位,对同样的议题进行辩论和投票。不过,意识形态上的严重分歧,使它们看待诸多问题采取的视角相去甚远,以至达到彼此难以相互理解、妥协、宽容的地步。根深蒂固的各自信念、世界观的尖锐对立以及政治上不合作,引发它们在一系列议题上针锋相对,彼此争论不休,导致公共政策制定过程中出现严重僵持。②

僵持表现在联邦政府的不同方面,包括国会内部,国会与白宫、最高法院之间。在美国,几乎每件重大事情都要经过国会。在所有的公共政策领域,国会均以宪法赋予的立法权和监督权卷入其中。选民们把自己

---

① Tom Allen, *Dangerous Convictions: What's Really Wrong with the U.S. Congress*, Oxford: Oxford University Press, 2013, p.159.
② 在美国,民主、共和两党在一系列公共政策事务——从传统的有关政府对经济进行干预的规模和范围,到社会文化问题如医疗保健、堕胎、同性婚姻、宗教自由、移民改革和枪支控制等——展开针锋相对的激烈辩论。

周围最受信赖的人挑选出来作为议员,指望他(她)们前往国会山参政议政、代表选民的根本利益和声音。从这个意义上讲,国会乃是美国的一面镜子。不过,如今国会的名声却一直下降。许多美国人抱怨,国会议员对谋取自身政治及经济上的好处更感兴趣,并不关心普通民众的根本利益和诉求。国会山日益变成党派之间相互厮杀、格斗的场所,而不是制定和处理公共政策的机构。促成跨党派合作的重要因素(温和的共和党人和保守的民主党人)在国会逐渐消失,转而被意识形态泾渭分明的两党议员阵营取代。跨党派合作和彼此妥协被国会领袖们视为一种羞耻。于是,两党之间的冲突和对抗,利用各种手段给对方制造阻碍使其无法实现公共政策目标,成为当代国会政治的一种常态。

不仅如此,党内派系现象在国会也表现突出。因意识形态和观念差异的程度不同,所属同一政党的议员也并非铁板一块。他们再度分化,形成党内不同派系或小团体。在众议院,那些参与"自由小组"(freedom caucus)以及得到"茶党"运动扶植的议员,往往被视为极右翼的共和党籍成员。他们尽管人数不多,却在一系列公共政策辩论中对本党施加重要影响。[①] 众议院极左

[①] 参阅 Patrick Homan and Jeffrey S. Lantis, *The Battle for U.S. Foreign Policy: Congress, Parties, and Factions in the 21st Century*, New York: Palgrave Macmillan, 2020。

翼的民主党籍议员则主要集中在"进步人士议员小组"（progressive caucus）、"非洲裔议员小组"（Black caucus）、"拉丁裔议员小组"（Hispanic caucus）和"亚太裔议员小组"（Asia-Pacific American caucus）里。中间温和派民主党籍议员则会加入"新民主党联盟"（new democratic party coalition）；少数相对"保守"的民主党籍议员则组成"蓝狗小组"（blue dog caucus）。他们在诸多公共政策议题上也彼此存在分歧，相互牵制并互施压力。

僵持也表现在国会和总统的关系上，尤其当国会和白宫由不同政党主导时，这一情形更为突出。近年来，在医疗保健、移民改革、枪支管控、族群政治等一系列敏感的社会及文化问题上，总统和由另一政党主导的国会（或两院，或一院）之间存在着难以调和的分歧。每逢政治大选年，这种分歧更加难以化解，此时，党派政治的首选战略目标乃是促使本党总统候选人最终赢得竞选，阻止和妨碍另一政党主导白宫制定和实施任何政策（或使其政策破产）乃是重要的战略手段。

最高法院也无法置身于这种政治环境之外。作为司法部门，最高法院享有终极权力，对案例裁决的诠释或对法典的修订乃是其最后的决定，国会和总统均无法推翻它们。有些裁决表明最高法院难免陷入带有意识形态分歧的党派政治之中。2014年4月2日,最高法院对"麦卡琴等诉联邦选举特别委员会"(*McCutcheon et al. v. Federal Election Commission*)案做出裁决,取消私人捐助者在每次竞选期内对资助候选人及政治团体在数量上的限制。① 这一裁决从法律上使得更多私人资金得以进入美国政治体制,给予富人更多自由去影响联邦政治选举。对这一判决,5名由共和党籍总统任命的大法官投下赞成票;4名由民主党籍总统任命的大法官投下反对票。保守派认为,《美国宪法》第一条修正案(有关言论自由的文字)拒绝政府对谁支付竞选资金以及支付多少加以控制。开明派试图维持现存的对政治竞选资金限制,以确保美国民主不受权力者之财富的歪曲或腐蚀。

2016年2月,大法官安东尼·斯卡利亚(Antonin Scalia)突然去世,这给奥巴马寻求改变最高法院党派倾向结构提供了绝佳机会。3月16日,他正式提出一项人事任命,以填补斯卡利亚去世后留下的空缺,但就人事任命举行听证会和投票一事遭到了共和党籍议员主导的参议院的拒绝。在参议院多数党领袖以及共和

---

① 有关该案判决的文字细节,可访问美国最高法院网站(网址:http://www.supremecourt.gov/opinions/13pdf/12-536_e1pf.pdf),最后浏览时间:2020年12月10日。也可参阅温宪:《美国最高法院也呈政治极化》,《红旗文摘》2014年第12期。

党籍参议员们看来,这一人事任命应该由下一届总统(而不是将于 2017 年 1 月卸任的奥巴马)提名。①

　　类似的情形发生在 2020 年,结果却迥然不同。2020 年 9 月 18 日,正值美国政治大选如火如荼之际,最高法院大法官、政治立场倾向于开明的露丝·巴德·金斯伯格(Ruth Bader Ginsburg)去世。特朗普拟提名一位保守派法官作为补替,但遭到民主党人竭力反对,理由之一是 2016 年奥巴马提名最高法官候选人时,参议院共和党以"距离选举期太近"为由予以拒绝,因此,民主党认为共和党是在实行双重标准。尽管如此,民主党因处于参议院少数党地位,无力阻止特朗普执意提名深受保守派青睐的法官艾米·科尼·巴雷特(Amy Coney Barrett)作为候选人。参议院的投票更凸显出两党之间的巨大分歧。民主党 45 名参议员及 2 名独立参议员全部投票反对,共和党 53 名参议员中有 52 人投下同意票。这是自 1869 年以来美国最高法院大法官候选人在任命投票时,首次没有获得少数党的任何一张选票的支持。这次投票结果还意味着,美国最高法院"保守派"和"开明派"大法官的比例将变成 6∶3,

---

① Karoun Demirjian, "Republicans Refuse to Budge Following Garland Nomination to Supreme Court" (March 16, 2016), https://www.washingtonpost. com/news/powerpost/wp/2016/03/16/republicans-refuse-to-budge-following-garland-nomination-to-supreme-court/, retrieved June 10, 2016.

打破自 1991 年以来它一直保持 5 名"保守派"大法官和 4 名"开明派"大法官的结构。①

最后,随着"9·11"事件发生、金融危机爆发以及新冠肺炎疫情蔓延,整个美国社会及经济面貌经历着根本变化,包括民众对国家安全威胁的重新认知和焦虑不安,对收入不均及贫富差距现象日益突出深感不满,所有这些对国内政治极化加剧也造成了不可忽视的影响。在全球"反恐战争"的语境下,有关移民、族群、枪支等诸多社会敏感议题的辩论更加激烈。持续的经济衰退、逐年攀升的联邦赤字及国债也使得社会矛盾更趋尖锐。一方面,得到民主党理解和同情的普通民众发动的"占领华尔街""黑

---

① 20 世纪 80 年代,美国最高法院大法官人事任命过程中的意识形态和政治权力之争便已显露出来。1987 年,里根总统获得任期内第三次提名最高法院大法官的机会。他选择了政治倾向保守的罗伯特·博克(Robert Bork)作为候选人,以接替即将退休、长期持"摇摆票"的最高法院大法官刘易斯·鲍威尔。该提名因遭参议院民主党籍议员们的竭力阻挠而最终被否决。此事件被载入美国史册,博克的名字"bork"也作为一个动词被收录在《新牛津英语词典》(*New Oxford English Dictionary*)中,意指"通过系统性诽谤或诋毁,阻碍(某人尤其候选人)担任公职"。可参阅 Mark Gitenstein, *Matters of Principle: An Insider's Account of America's Rejection of Robert Bork's Nomination to the Supreme Court*, New York: Simon & Schuster, 1992; Norman Vieira and Leonard Gross, *Supreme Court Appointments: Judge Bork and the Politicization of Senate Confirmations*, Carbondale: Southern Illinois University Press, 1998; Ethan Bronner, *Battle for Justice: How the Bork Nomination Shook America*, New York: Union Square Press, 2007。

人的命也是命"等抗议运动席卷全美,对金融系统、权钱交易以及社会不公正表达了强烈不满和抵制。另一方面,作为一场喧嚣的、极具意识形态色彩的"茶党"运动、白人至上主义异军突起,其主要目标是谋求拯救和改造当代美国社会,以及把共和党重铸为极端右翼的保守主义政党。

所有这些不断撕裂着美国社会及大众政治心理及行为,也给公共政策的制定和实施带来错综复杂的后果。经济、社会和文化上的剧烈冲突,加剧了这种政治极化朝着更加难以缓解的方向发展。有评论者认为,如今美利坚合众国俨然成为彼此难以相处的"两个国家"——一个民主党人的国家和一个共和党人的国家。① 面对陷入严重分裂的国家,宾夕法尼亚州前资深参议员阿伦·斯佩克特(Arlen Specter)在自传里叹息:美国的政治中心已经死亡。②

由此可见,当代美国政治极化呈现出逻辑上相互关联的情形。意识形态上的深刻分歧,使得两党政客

---

① Alan I. Abramowitz, "America Today Is Two Different Countries. They Don't Get Along" (March 10, 2016), The Washington Post, https://www.washingtonpost.com/news/in-theory/wp/2016/03/10/america-today-is-two-different-countries-they-dont-get-along/?tid=a_inl, retrieved June 10, 2016.
② 参阅 Arlen Specter and Charles Robbins, *Life among the Cannibals: A Political Career, a Tea Party Uprising, and the End of Governing As We Know It*, New York: St. Martin's Press, 2012。

在一系列重要和敏感的社会问题上所持态度及立场大相径庭,并由此引起他们在广泛的公共政策制定过程中发生严重僵持。不同的价值观和信念,以及党派之间不合作、不商量的态度,进一步造成整个美国社会及民众陷入严重的撕裂状态。

第二节 行政特权日趋强势及其制约

在美国,总统权力不断膨胀已成为显而易见的事实。总统的言行举止日益呈现出与美国民主价值对立的寡头色彩,包括强势利用行政权力实现自己的专制统治,使用种族歧视言论丑化、边缘国内少数族裔人群,动用职权任命家族成员担任白宫要职,呵斥媒体记者或批评者。这些在特朗普身上表现得尤为明显,他执政期间"为所欲为,无视法律、礼仪、传统、道德",①"把公共部门像家族企业一样加以对待"。② 所有这些显然带有君主

---

① Robert Spitzer, "Conclusion: The Five Rules of Trump", in Charles M. Lamb and Jacob R. Neiheisel, eds., *Presidential Leadership and the Trump Presidency: Executive Power and Democratic Government*, Cham: Palgrave Macmillan, 2020, p.152.
② Chris Edelson, "How to Keep the Republic (Before It's Too Late): Why a New Constitution Is Necessary to Strengthen Liberal Democracy in the United States", in Charles M. Lamb and Jacob R. Neiheisel, eds., *Presidential Leadership and the Trump Presidency: Executive Power and Democratic Government*, Cham: Palgrave Macmillan, 2020, p.121.

专制的倾向,也折射出联邦宪政体制出现故障。

在这种情形下,持续且严重的党派分歧和社会撕裂,给总统施展行政特权提供了更多机会和理由。不断加剧的国会政治极化,给国会自身立法功能带来伤害,不仅令立法陷于僵局,难以采取有效行动处理面临的主要难题,而且引起普通民众对国会的广泛抱怨和不满。一个功能失常、遭民众抱怨的国会给总统采取单边行动提供了机会,正如有评论者所言,"行政权力极度扩张与国会权威相应衰落"之间彼此关联。① 当国会党派分歧致使政策议案无法付诸表决时,总统便会动用行政手段去处理被国会搁置的政策事务,因为国家不可一日没有政府管理。可以说,自克林顿政府以来,诸多公共政策均由强势的行政部门主导,国会往往充当顺从或次要角色。它反映出当代美国政治的一个根本现实,也揭示出当代总统和国会之间权力关系的一种基本模式。

在美国的政治生活中,这种现实和模式带来一种复杂交织的情形。那便是绕开国会、采取单边行动的做法,反过来使国会政治更趋极化。这可以从两个方

---

① Edward G. Carmines and Matthew Fowler, "The Temptation of Executive Authority: How Increased Polarization and the Decline in Legislative Capacity Have Contributed to the Expansion of Presidential Power", *Indiana Journal of Global Legal Studies*, 2017, Vol. 24, No. 2, p.369.

面获得观察:一方面,它鼓动总统所属政党的议员们采取更为强硬的政策立场和态度;另一方面,它会激起另一党派议员们对总统行政特权更为不满和指责。

此外,单边行动在政策方面变得更趋于极端。名义上讲,总统是自己所属政党的党魁。但凡遇到国会党派分歧导致立法僵局时,单边行动成为总统实现本党政治目标及政策诉求的重要途径。在一定时期的政治制约下,具体政策目标的实现需要与实现目标的手段相结合。譬如,当共和党籍议员们迟迟不愿以立法途径解决无证件移民问题时,民主党籍总统奥巴马便以颁布一系列行政命令的方式推行移民改革计划,不仅使数百万移民免受驱逐,而且使其中许多人获得在美就业的权利。在家庭与医疗休假适用于同性伴侣、联邦合同商提高最低工资等问题上,奥巴马也动用了行政命令以避开分歧严重的国会。同样地,在修建美国和墨西哥边界隔离墙事宜上,由于无法得到来自民主党主导的众议院支持,共和党籍总统特朗普便考虑采取单边行动,利用总统国家紧急权力强行实施颇具争议的边界墙修建。当然,这些单边行动均引起一些议员及选民的强烈不满和反对,加剧了国会两党和社会族群之间在这些问题上的矛盾和冲突。

一般地讲,当白宫和国会(或者其中一个议院)由同一政党占主导地位时,该党在美国政治生活中处于实质性的优势地位。在这种情况下,总统往往会对自己的单边行动有所收敛,因为他可以得到来自国会的更多支持,毕竟,与总统同属一个政党的议员们更易于认可白宫的政治目标和政策想法。不仅如此,这种政治联盟也给议员谋求连选连任带来好处。一方面,他们是否能够连选连任可以部分地从总统执政表现中获得预测;另一方面,作为回报,他们更有可能从总统那里得到政治上的恩惠和青睐,如总统会对他们参选连任给予支持。当然,在权力分立的政治体系里,这种支持并不会完全自然地发生。能够多大程度地利用本党在国会中的主导地位,还将取决于总统本人与国会沟通和博弈的能力。

倘若另一个政党主导整个国会(或者其中一个议院),总统往往面临一个持不合作、不支持态度的国会(或者其中一个议院)。党派冲突表现在总统和另一政党主导的(部分)国会之间。在这种情况下,总统可以有两种选择:一种是与不合作的国会积极相处,等待自己所属政党在国会选举中重新占据主导地位,从而有可能得到由本党主导的国会支持;另一种选择是避开国会而采取单边行动,通过行政特权去推行自己的政策。在多数情况下,总统往往会出于本党利益考量,做出后一种选择。

第七章 余论:国会政治极化和总统权力膨胀

需要指出的是,无论白宫和国会由同一政党主导还是由不同政党支配,公共政策制定僵局都有可能出现。这在于——即使党派分歧被认为在参议院不像在众议院那样严重——终止参议院进行旨在阻碍议事的冗长演讲,需要获得全体参议院五分之三参议员的同意;推翻总统否决需要获得参议院三分之二参议员的同意。从这个意义上讲,一个政党在国会拥有简单多数席位,尚不能确保该党对国会山的完全控制。

对于总统而言,采取单边行动固然具有很大吸引力,但也冒着巨大政治风险。过度使用不受制约的行政权力,往往给普通民众、国家乃至国际社会带来复杂后果。在民众层面,一项涉及限制外来移民的行政命令,可以迫使大量移民家庭骨肉分离,给许多移民和他们的子女造成严重的身心伤害。在国家层面,绕开国会咨询和监督的做法,乃是对联邦宪政体制构成严重挑战。在国际层面,单边行动也时常给国际关系带来不利影响,包括加剧国家间的经贸争端、强化美国海外军事干预。

一个过于强势的总统权力和行政部门,并不符合美国联邦体制的最初的设计和设想。于是,对不断自我膨胀的总统权力加以制约至关重要。除了国会制衡和选民监督之外,法院部门对涉及总统(滥用)权力案件的裁决显得尤为关键。一般地讲,一项备受争议的公共政策难免会面临来自法律的挑战，尤其当这项政策出自总统的行政特权，如行政命令或总统备忘录。从目前来看，特朗普政府推行的政策遭法律挑战并受挫，"在数量和分量上均超过前届政府"，包括前述的修建美墨边境隔离墙、限制外来移民等政策，因为它们被联邦法院判定为超越了宪法界限。① 在美国，一种带有激进倾向的观点甚至认为，为了缓解国内政治危机、维护和巩固民主价值理念，美国应该诞生一部新宪法，以取代目前这部起草于 1787 年、美中不足的宪法。②

  本章写作收尾之际，正逢 2020 年美国政治大选结果基本揭晓。在总统竞选方面，民主党候选人乔·拜登

---

① Nancy Kassop, "Legal Challenges to Trump Administration Policies: The Risks of Executive Branch Lawmaking That Fails to 'Take Care'", in Charles M. Lamb and Jacob R. Neiheisel, eds., *Presidential Leadership and the Trump Presidency: Executive Power and Democratic Government*, Cham: Palgrave Macmillan, 2020, p.42.
② 参阅 Chris Edelson, "How to Keep the Republic (Before It's Too Late): Why a New Constitution Is Necessary to Strengthen Liberal Democracy in the United States", in Charles M. Lamb and Jacob R. Neiheisel, eds., *Presidential Leadership and the Trump Presidency: Executive Power and Democratic Government*, Cham: Palgrave Macmillan, 2020; Richard Kreitner, *Break It Up: Secession, Division, and the Secret History of America's Imperfect Union*, New York: Little, Brown & Company, 2020; Saikrishna Bangalore Prakash, *The Living Presidency: An Originalist Argument against Its Ever Expanding Powers*, Belknap Press: An Imprint of Harvard University Press, 2020。

击败竞选对手特朗普,尽管后者抱怨选举过程存在舞弊并提出法律诉讼。据说,当选总统拜登拟入主白宫后立即签署一连串行政命令,重新扭转特朗普的诸政策,包括美国重新加入巴黎气候协定、重返世界卫生组织、取消针对伊斯兰国家的旅游禁令等。① 在议员选举方面,民主党人将继续主导新一届(第117届)国会众议院,以微弱优势控制参议院(因参议院的若干委员会仍由共和党人占据多数)。可以预计,拜登——尽管他本人曾长期担任过参议员——将在可行的情况下通过单边行动推动白宫政策议程。可以说,尽管美国总统权力过渡会造成政策上的变化,但是像从特朗普至拜登这般——从一个竭力颠覆建制的总统向一个发誓恢复建制的总统——过渡,这在美国历史上还是颇为鲜见的。

---

① Zack Friedman, "Biden Plans These 5 Executive Orders"(November 8, 2020), Forbes, https://www.forbes.com/sites/zackfriedman/2020/11/08/biden-plans-these-5-executive-orders/?sh=f1903f4346b8, retrieved December 22, 2020; Matt Viser, Seung Min Kim, and Annie Linskey, "Biden Plans Immediate Flurry of Executive Orders to Reverse Trump Policies"(November 8, 2020), MSN, https://www.msn.com/en-us/news/politics/biden-plans-immediate-flurry-of-executive-orders-to-reverse-trump-policies/ar-BB1aNiOV, retrieved December 22, 2020.

附录一
美国总统单边行动大事记

1793 年

4月22日　华盛顿颁布公告，宣布美国在一场以英法为主的欧洲战争中保持中立。

1794 年

11月19日　美英签署"杰伊条约"（The Jay Treaty），华盛顿起初拒绝把这个情况告诉国会。

1803 年

4月30日　美国与法国缔结一项收购整个路易斯安那的条约。

1809 年

4月19日　麦迪逊颁布公告，即"厄斯金协定"（The Erskine Agreement），撤销对英国的禁运。

1810 年

10 月 27 日　麦迪逊颁布公告，授权占领西佛罗里达，它是路易斯安那购买的一部分。

1817 年

12 月 1 日　门罗宣布对寻求独立的拉丁美洲殖民地采取中立政策。

1826 年

11 月 1 日　在沙皇尼古拉一世的斡旋下，亚当斯最终确定与英国就 1812 年战争期间所遭受损失的赔偿达成和解。

1827 年

3 月 1 日　亚当斯宣布所有美国港口禁止与英国殖民地进行贸易。

1832 年

12 月 10 日　杰克逊颁布"废止公告"（The Nullification Proclamation），规定各州和市政当局不得废除联邦法律。

1834 年

3 月 28 日　杰克逊颁布一项命令，要求财政部从美国银行取出联邦存款，将其放入州银行。

12 月 1 日　杰克逊宣布终止国债，使美国免于承担国库储备之外的国内外债务。

1837 年

8月5日　范布伦宣布反对吞并得克萨斯州。

1853 年

12月30日　皮尔斯政府签署"盖兹登购地条约"(Gadsden Purchase Treaty)，以1 500万美元购得亚利桑那州西南部和新墨西哥州超过29 600平方英里的领土。

1862 年

9月22日　林肯颁布"解放宣言"(Emancipation Proclamation)，要求南北战争期间所有不受联邦控制的各州释放奴隶。该宣言于1863年1月1日正式生效。

1867 年

3月　约翰逊政府与俄国签署协议，以720万美元从后者手里购得阿拉斯加。

1870 年

5月24日　格兰特颁布公告，反对芬尼亚兄弟会(The Fenian Brotherhood)通过袭击加拿大来破坏英美关系的企图。

1874 年

9 月 15 日　格兰特颁布公告,要求解散路易斯安那州的叛乱组织"白人联盟"(White League)。

1877 年

6 月 22 日　海斯颁布一项行政命令,禁止联邦雇员卷入政治活动,旨在减少腐败。

1884 年

7 月 1 日　亚瑟颁布公告,警告人们不要在俄克拉荷马土地上定居。

1893 年

3 月 9 日　克利夫兰撤销"夏威夷吞并条约"(The Hawaiian Annexation Treaty),该条约是在他本人就职前夕签订的。

1895 年

2 月 24 日　古巴掀起反对西班牙统治的革命,克利夫兰政府对此采取中立政策。

1898 年

4 月麦金莱下令封锁古巴北部港口。

1906 年

8 月 23 日　古巴总统托马斯·埃斯特拉达·帕尔

马(Tomás Estrada Palma)请求罗斯福派兵前往古巴镇压因选举争议而引起的叛乱。起初,罗斯福表示反对,但于10月仍派兵。

1907年

12月16日,根据罗斯福的命令,美国海军"白色舰队"从弗吉尼亚起航环游世界,于1909年2月22日返回。

1909年

7月　塔夫脱要求中国同意美国投资者分享一部分在欧洲流通的贷款,目的是在中国南部修建铁路。

1913年

3月18日　威尔逊发表声明,正式宣布美国政府退出计划向中国贷款巨额资金的"六国银行团"。

1923年

1月10日　根据哈丁颁布的一项关于停止美国占领莱茵河的行政命令,美军最终离开德国。

1929年

5月27日　最高法院支持总统出于阻止立法目的而使用搁置否决(pocket veto)。

1932年

1月22日　胡佛下令成立重建金融公司

（Reconstruction Finance Corporation），旨在向银行、保险公司和其他机构提供贷款，刺激经济。

1933 年

4 月 19 日　根据罗斯福颁布的总统公告，美国将脱离金本位制。

1934 年

2 月 2 日　根据总统行政命令，美国设立出进口银行（the Export-Import Bank），以鼓励本国与其他（尤其拉丁美洲）国家之间的贸易。

1935 年

5 月 6 日　利用《紧急救济拨款条例》（Emergency Relief Appropriation Act）的资金，罗斯福颁布一项行政命令，建立工程进度管理局。

1939 年

10 月 18 日　罗斯福宣布全美对交战国的潜艇关闭所有港口及水域。

1940 年

5 月 25 日　罗斯福下令成立紧急管理办公室（Office for Emergency Management），认为美国卷入战争的可能性在增加。

1941 年

6 月 16 日　罗斯福下令关闭所有德国驻美使领馆；作为回应，德国和意大利分别关闭它们国家境内的所有美国领事馆。

6 月 25 日　根据行政命令，罗斯福设立公平就业实践委员会，以防止由于种族、信条或肤色而导致在国防工业的雇佣和待遇中出现歧视。

1942 年

1 月 12 日　根据总统行政命令，美国创设战时劳工委员会（War Labor Board），该委员会负责通过劳动争议仲裁维持战争物资的流通。

1 月 14 日　罗斯福颁布公告，下令所有在美外国人向联邦政府登记。

2 月 20 日　罗斯福以"国家安全"为名颁布一项行政命令，设立日裔美国人拘留营并将他们关押其中直至战争结束之后。

6 月 13 日　根据总统行政命令，美国设立战争情报办公室（Office of War Information），旨在控制官方新闻和宣传的披露。

1943 年

5 月 27 日　根据总统行政命令，美国设立战争动员办公室（Office of War Mobilization），以协调国内行动,并命令所有与私营企业签订的政府合同禁止种族歧视。

1948 年

7 月 26 日　杜鲁门颁布行政命令,废除军队种族隔离。

1950 年

4 月 7 日　杜鲁门签署国家安全指令,从观念上帮助建构了一幅美苏之间全面对抗的画面,由此拉开美国长期奉行冷战政策的序幕。

1952 年

4 月 8 日　杜鲁门颁布行政命令,要求所有钢铁企业置于联邦政府的控制下。在随后的 6 月 2 日,最高法院以 6 比 3 票的结果宣布此做法违宪。

1960 年

3 月 17 日　艾森豪威尔授权中央情报局开始训练流亡者入侵古巴。

1961 年

3 月 1 日　肯尼迪颁布行政命令,创立一个临时和平队(Peace Corps),并要求国会永久批准该计划。

4 月 17 日　遵照肯尼迪颁布的一项国家安全指令,中央情报局策动企图推翻古巴政府但却流产的"猪湾"(Bay of Pigs)行动。

1964 年

9月10日 约翰逊签署国家安全指令，旨在升级美国在越南的军事行动。

1965 年

2月9日 九名美军士兵在一场袭击中身亡，约翰逊下令对越南北方实施轰炸。

4月28日 以保护美国公民为由，约翰逊下令美军进入陷入内战的多米尼加共和国。

1969 年

6月26日 尼克松签署国家安全指令，放宽美国公民到中国旅行和购买中国货物的限制。

1970 年

7月23日 尼克松签署密令，即所谓"休斯敦计划"(The Huston Plan)，指示成立一个跨部门情报委员会，以便采取协调行动对国内反政府的政治势力实施监控和打击。

1972 年

2月21日 尼克松访问中国，随后中美在上海签署《中华人民共和国和美利坚合众国联合公报》，简称《上海公报》。

6月8日 尼克松签署国家安全指令,规定美国和中国大陆之间开展贸易活动的事宜,旨在落实《上海公报》中有关进行双边贸易的承诺。

1973 年

7月23日 尼克松声称享有行政特权,拒绝将"水门事件"录音带交给参议院。

1975 年

1月4日 福特宣布成立一个总统委员会,亦称"洛克菲洛委员会"(Rockefeller Commission),以审查中央情报局的滥用行为,包括邮件拆封和国内监视。

1977 年

1月18日 福特签署国家安全指令,要求建造157艘新型战舰,以确保美国及盟友具有威慑或打击苏联威胁的海上优势力量。

1978 年

11月3日 卡特签署关于美中科技关系的国家安全指令。

12月15日 卡特政府承认中华人民共和国的外交地位。《中华人民共和国和美利坚合众国关于建立外交关系的联合公报》于1979年1月1日正式生效。

1980 年

7月25日　卡特签署国家安全指令,谋求扩大总统本人在计划和实施核战争方面的权力。

1981 年

12月8日　里根颁布行政命令,旨在扩大美国情报机构的权力和责任,并指示美国联邦机构负责人与中央情报局充分合作。

12月18日　里根宣布对波兰实施经济制裁。

1982 年

1月　里根签署国家安全指令,试图绕开国会关于限制美国向尼加拉瓜反政府武装提供资金支持的《博兰修正案》。

5月　里根签署国家安全指令,指出世界政治是美苏之间激烈竞争的场所。

8月17日　中美就解决美国向台出售武器问题发表联合公报,简称《"八·一七"公报》。

11月　里根签署国家安全指令,指出向苏联发起贸易战是美国冷战战略的一部分。

1983 年

10月23日　里根签署国家安全指令,下令派遣美国军事力量入侵政变后的格林纳达。

1984 年

4月30日 里根访华期间,与中国领导人共同签署两国科学和文化交流协定。

1985 年

5月1日 里根政府宣布对尼加拉瓜实施贸易禁运,企图破坏桑地诺政府。该禁运之后被认为违反国际法。

5月20日 里根签署国家安全指令,支持针对古巴听众广播的马蒂电台(Radio Martí),旨在对古巴政府不断实施攻击和破坏。

1986 年

11月25日 里根承认,从对伊朗武器销售中获得的1 000万—3 000万美元,被用于支持尼加拉瓜反政府武装。整个过程被称为"伊朗门事件"。

1989 年

12月20日 布什下令美国军队入侵巴拿马。

1991 年

1月15日 布什签署国家安全指令,谋求军事打击伊拉克,其代号为"沙漠风暴行动"(Operation Desert Storm)。两天后,第一次海湾战争爆发。

1993 年

10月4日 一支美国特种部队在索马里采取军事

行动,搜捕索马里军阀穆罕默德·法拉赫·艾迪德(Mohammed Farah Aidid),导致18名美国人身亡。三天后,克林顿宣布,所有在索马里的美国军人于1994年3月31日撤离该国。

1994年

5月26日　克林顿重申中国最惠国待遇的贸易地位。

1996年

9月3日　克林顿下令对伊拉克实施巡航导弹打击。

2001年

10月8日　小布什颁布行政命令,以反恐战争为名创设国土安全办公室及国土安全委员会。

2002年

12月16日　小布什签署国家安全指令,提出发展国家导弹防御计划,谋求重建美国抵御及威慑外来新兴威胁的能力。

2009年

1月22日　奥巴马颁布行政命令,计划一年内关闭位于古巴关塔那摩湾的美军监狱。该行政命令遭到国会的强力抵制。

2011 年

3月8日　奥巴马下令终止关于禁止军事审讯关押在关塔那摩监狱的拘留者。该命令允许美国重新恢复对拘留者进行军事审讯。

3月19日　以联合国安理会和北约的批准为由,奥巴马绕开国会,下令美国军队向利比亚出兵。

2012 年

10月16日　奥巴马签署国家安全指令,旨在增强行政部门对日趋复杂网络空间的管控能力。

2013 年

4月5日　奥巴马签署国家安全指令,要求美国竭力帮助盟友及伙伴国家增强维护自身安全的能力,使它们能够与美国一起分担日益复杂安全环境下的(全球)责任。

2016 年

9月21日　奥巴马签署总统备忘录,要求各政府部门在制订落实国家安全政策和计划时,将气候变化的影响因素考虑在内。

10月7日　奥巴马颁布行政命令,解除针对缅甸的经济制裁。

2017 年

1月23日　特朗普指示美国贸易代表办公室,美国将退出"跨太平洋伙伴"(the Trans-Pacific Partnership, TPP)。

1月27日　特朗普颁布行政命令,禁止伊朗、伊拉克、利比亚、索马里、苏丹、叙利亚和也门的公民进入美国。此禁令引发大量抗议及司法争议。特朗普随后修改了这项行政命令。

3月28日　特朗普颁布行政命令,推翻奥巴马政府的清洁能源战略,改变美国在应对气候变化中的行动。

4月7日　特朗普下令美军对叙利亚境内一个空军基地实施打击。

6月1日　特朗普宣布,美国将退出"2015年巴黎气候协定"(2015 Paris Climate Accord)。

2018年

1月23日　特朗普发起对来自中国和其他国家的进口产品征收高额关税。

5月8日　特朗普宣布美国将退出伊核协议。

2019年

2月15日　特朗普宣布国家紧急状态,以确保获得资金用于修建南部边界墙。

4月26日　特朗普宣布美国将退出一项国际武器条约——《武器贸易条约》(Arms Trade Treaty)。

2020年

8月6日　特朗普签署行政命令,出于国家安全考虑,将在 45 天内禁止抖音(Tiktok)和微信(WeChat)在美国使用,除非它们的中国母公司同意出售它们。

2021 年

1 月 20 日　拜登颁布行政命令,撤销特朗普关于增强美国内部公共安全的行政命令。

1 月 20 日　拜登签署公告,结束对伊斯兰国家的禁令。

1 月 20 日　拜登签署公告,终止有关美国南部边界的国家紧急状态。

1 月 25 日　拜登颁布行政命令,确保未来是出自全美工人的全美制造。

附录二
20世纪以来美国总统和国会的政党分布

政党因素对近现代美国总统与国会关系的互动构成影响，当前政治极化加剧也趋于助长总统采取单边行动的冲动。为此，本附录大致勾勒了20世纪以来美国政党在历任总统及各届国会（众议院和参议院）席位中的分布情况，相关数据和信息分别来自白宫官网和国会官网。另有如下若干具体说明。

（1）本附录所列数据仅反映紧随全部选举结束后的席位划分。造成议会期间党派席位变化的情形（如议员死亡、辞职或改变政党倾向等）时有发生。

（2）自第95届国会以来，"参议院席位"中的"其他"一栏席位均与民主党结盟。

（3）省略提供总统因自然或非自然原因而未尽任期的说明。

（4）省略提供国会席位名额空缺的数据。

附录二 20世纪以来美国总统和国会的政党分布

年份	总统	总统所属政党	国会届数	众议院席位及所属政党			参议院席位及所属政党		
				民主党	共和党	其他	民主党	共和党	其他
1901—1903	西奥多·罗斯福	共和党	57	151	200	6	32	56	2
1903—1905	西奥多·罗斯福	共和党	58	176	207	3	33	57	0
1905—1907	西奥多·罗斯福	共和党	59	135	251	0	32	58	0
1907—1909	西奥多·罗斯福	共和党	60	167	223	1	31	61	0
1909—1911	威廉·塔夫脱	共和党	61	172	219	0	32	60	0
1911—1913	威廉·塔夫脱	共和党	62	230	162	2	44	52	0
1913—1915	伍德罗·威尔逊	民主党	63	291	134	10	51	44	1
1915—1917	伍德罗·威尔逊	民主党	64	230	196	9	56	40	0
1917—1919	伍德罗·威尔逊	民主党	65	214	215	6	54	42	0
1919—1921	伍德罗·威尔逊	民主党	66	192	240	2	47	49	0
1921—1923	沃伦·G.哈定	共和党	67	131	302	2	37	59	0
1923—1925	约翰·柯立芝	共和党	68	207	225	3	42	53	1
1925—1927	约翰·柯立芝	共和党	69	183	247	5	41	54	1
1927—1929	约翰·柯立芝	共和党	70	194	238	3	46	48	1
1929—1931	赫伯特·胡佛	共和党	71	164	270	1	39	56	1
1931—1933	赫伯特·胡佛	共和党	72	216	218	1	47	48	1

(续表)

年份	总统	总统所属政党	国会届数	众议院席位及所属政党			参议院席位及所属政党		
				民主党	共和党	其他	民主党	共和党	其他
1933—1935	富兰克林·罗斯福	民主党	73	313	117	5	59	36	1
1935—1937	富兰克林·罗斯福	民主党	74	322	103	10	69	25	2
1937—1939	富兰克林·罗斯福	民主党	75	334	88	13	76	16	4
1939—1941	富兰克林·罗斯福	民主党	76	262	169	4	69	23	4
1941—1943	富兰克林·罗斯福	民主党	77	267	162	6	66	28	2
1943—1945	富兰克林·罗斯福	民主党	78	222	209	4	57	38	1
1945—1947	哈里·S.杜鲁门	民主党	79	244	189	2	57	38	1
1947—1949	哈里·S.杜鲁门	民主党	80	188	246	1	45	51	0
1949—1951	哈里·S.杜鲁门	民主党	81	263	171	1	54	42	0
1951—1953	哈里·S.杜鲁门	民主党	82	235	199	1	49	47	0
1953—1955	德怀特·艾森豪威尔	共和党	83	213	221	1	47	48	1
1955—1957	德怀特·艾森豪威尔	共和党	84	232	203	0	48	47	1
1957—1959	德怀特·艾森豪威尔	共和党	85	232	203	0	49	47	0
1959—1961	德怀特·艾森豪威尔	共和党	86	282	153	1	65	35	0
1961—1963	约翰·F.肯尼迪	民主党	87	264	173	0	64	36	0
1963—1965	林登·B.约翰逊	民主党	88	258	176	1	66	34	0

附录二 20世纪以来美国总统和国会的政党分布

(续表)

年份	总统	总统所属政党	国会届数	众议院席位及所属政党			参议院席位及所属政党		
				民主党	共和党	其他	民主党	共和党	其他
1965—1967	林登·B.约翰逊	民主党	89	295	140	0	68	32	0
1967—1969	林登·B.约翰逊	民主党	90	248	187	0	64	36	0
1969—1971	里查德·尼克松	共和党	91	243	192	0	57	43	0
1971—1973	里查德·尼克松	共和党	92	255	180	0	54	44	2
1973—1975	里查德·尼克松/杰拉尔德·福特	共和党	93	243	192	0	56	42	2
1975—1977	杰拉尔德·福特	共和党	94	291	144	0	61	37	2
1977—1979	吉米·卡特	民主党	95	292	143	0	61	38	1
1979—1981	吉米·卡特	民主党	96	278	157	0	58	41	1
1981—1983	罗纳德·里根	共和党	97	243	192	0	46	53	1
1983—1985	罗纳德·里根	共和党	98	269	166	0	45	55	0
1985—1987	罗纳德·里根	共和党	99	254	181	0	47	53	0
1987—1989	罗纳德·里根	共和党	100	258	177	0	55	45	0
1989—1991	乔治·H.布什	共和党	101	260	175	0	55	45	0
1991—1993	乔治·H.布什	共和党	102	267	167	1	56	44	0
1993—1995	威廉·克林顿	民主党	103	258	176	1	57	43	0

(续表)

年份	总统	总统所属政党	国会届数	众议院席位及所属政党			参议院席位及所属政党		
				民主党	共和党	其他	民主党	共和党	其他
1995—1997	威廉·克林顿	民主党	104	204	230	1	48	52	0
1997—1999	威廉·克林顿	民主党	105	207	226	2	45	55	0
1999—2001	威廉·克林顿	民主党	106	211	223	1	45	55	0
2001—2003	乔治·W.布什	共和党	107	212	221	2	50	50	0
2003—2005	乔治·W.布什	共和党	108	205	229	1	48	51	1
2005—2007	乔治·W.布什	共和党	109	201	233	1	44	55	1
2007—2009	乔治·W.布什	共和党	110	233	202	0	49	49	2
2009—2011	贝拉克·奥巴马	民主党	111	257	178	0	57	41	2
2011—2013	贝拉克·奥巴马	民主党	112	193	242	0	51	47	2
2013—2015	贝拉克·奥巴马	民主党	113	201	234	0	53	45	2
2015—2017	贝拉克·奥巴马	民主党	114	188	247	0	44	54	2
2017—2019	唐纳德·特朗普	共和党	115	194	241	0	47	51	2
2019—2021	唐纳德·特朗普	共和党	116	235	199	0	53	45	2
2021—2023	约瑟夫·拜登	民主党	117	222	212	0	48	50	2

主要参考文献

中 文 部 分

1. 程乃胜、张荣现:《论美国行政协定》,《安徽师范大学学报》(哲学社会科学版)1998年第4期。
2. 贾圣真:《总统立法——美国总统的"行政命令"初探》,《行政法学研究》2016年第6期。
3. 江振春:《美国"国家紧急状态"的前世今生》,《世界知识》2019年第4期。
4. 李庆四:《美国国会与美国外交》,北京:人民出版社2007年版。
5. 吕芳:《美国总统的行政协定权——兼论美国国会在外交协议中的作用》,《中国社会科学院研究生院学报》2005年第2期。
6. 潘培伟:《美国国家安全指令的理论与实践研究》,《人大法律评论》2015年第1期。

7. 钱益明:《1994年中美最惠国待遇问题分析》,《国际经贸探索》1994年第2期。

8. 汪全胜:《美国行政立法的成本与效益评估探讨》,《东南大学学报》(哲学社会科学版)2008年第6期。

9. 汪涛:《美国外交由谁负责?——总统与国会的权力之争》,《陕西师范大学学报》(哲学社会科学版)2002年第1期。

10. 席涛:《美国政府管制成本与收益分析的制度演变——从行政命令到国会立法》,《中国社会科学院研究生学报》2003年第1期。

11. 徐泉:《美国行政协定的合宪性分析》,《现代法学》2010年第3期。

12. 张金勇:《美国总统行政命令》,《当代美国评论》2018年第3期。

13. 张千帆:《行政权力的政治监督——以美国行政法为视角》,《当代法学》2007年第5期。

14. 张哲馨:《总统签署声明的发展及其对美国联邦政府权力制衡体制的影响》,《美国问题研究》2008年总第7辑。

英 文 部 分

1. Allen, Tom, *Dangerous Convictions: What's Really*

Wrong with the U.S. Congress, Oxford: Oxford University Press, 2013.

2. Bagehot, Walter, *The English Constitution*, Ithaca: Cornell University Press, 1967.

3. Bailey, Jeremy D., "The New Unitary Executive and Democratic Theory: The Problem of Alexander Hamilton", *The American Political Science Review*, 2008, Vol.102, No.4.

4. Belco, Michelle and Brandon Rottinghaus, *The Dual Executive: Unilateral Orders in a Separated and Shared Power System*, Stanford, C.A.: Stanford University Press, 2017.

5. Binder, Sarah A. and Steven S. Smith: *Politics or Principle? Filibustering in the United States Senate*, Washington, D.C.: Brookings Institution Press, 1997.

6. Black, Ryan C., Anthony J. Madonna, Ryan J. Owens, and Michael S. Lynch: "Adding Recess Appointments to the President's 'Tool Chest' of Unilateral Powers", *Political Research Quarterly*, 2007, Vol.60, No.4.

7. Blechman, Barry M., "The Congressional Role in U.S. Military Policy", *Political Science Quarterly*,

1991, Vol.106, No.1.

8. Burgin, Eileen, "Congress, the Executive, and Public Policy", in Lawrence C. Dodd and Bruce I. Oppenheimer, eds., *Congress Reconsidered*, Washington, D.C.: A Division of Congressional Quarterly Inc., 1997.

9. Burke, John P., *Presidential Power: Theories and Dilemmas*, Boulder, C.O.: Westview Press, 2016.

10. Calabresi, Steven G. and Christopher S. Yoo, *The Unitary Executive: Presidential Power from Washington to Bush*, New Haven: Yale University Press, 2008.

11. Carmines, Edward G. and Matthew Fowler, "The Temptation of Executive Authority: How Increased Polarization and the Decline in Legislative Capacity Have Contributed to the Expansion of Presidential Power", *Indiana Journal of Global Legal Studies*, 2017, Vol.24, No.2.

12. Cooper, Phillip J., *By Order of the President: The Use and Abuse of Executive Direct Action*, Lawrence: University Press of Kansas, 2002.

13. Cunningham, Ann Marie, " Secrets of the

Presidents", *Technology Review*, 1990, Vol.93, Iss.8.

14. Dahl, Robert, *Congress and American Foreign Policy*, New York: W. W. Norton, 1963.
15. Daschle, Tom and Charles Robbins, *The U.S. Senate*, New York: St. Martin's Griffin, 2013.
16. Deering, Christopher J. and Forrest Maltzman, "The Politics of Executive Orders: Legislative Constraints on Presidential Power", *Political Research Quarterly*, 1999, Vol.52, No.4.
17. Dumbrell, John, *American Foreign Policy: Carter to Clinton*, New York: Palgrave Macmillan, 1996.
18. Dwyer, Catherine M., "The U.S. Presidency and National Security Directives: An Overview", *Journal of Government Information*, 2002, Vol.29, No.6.
19. Fine, Jeffrey A. and Adam L. Warber, "Circumventing Adversity: Executive Order and Divided Government", *Presidential Studies Quarterly*, 2012, Vol.42, No.2.
20. Fisher, Louis, *The Politics of Shared Power: Congress and the Executive*, 3rd edn., Washington,

D.C.: CQ Press, 1993.

21. Gibson, Martha Liebler, *Weapon of Influence: The Legislative Veto, American Foreign Policy, and the Irony of Reform*, Boulder: Westview Press, 1992.

22. Gitterman, Daniel P., *Calling the Shots: The President, Executive Orders, and Public Policy*, Washington, D.C.: Brookings Institution Press, 2017.

23. Gleiber, Dennis W. and Steven Shull, "Presidential Influence in the Policy-Making Process", *Western Political Quarterly*, 1992, Vol.45, No.2.

24. Gordon, Vikki, "National Security Directive Declassification", *Government Information Quarterly*, 2010, 27.

25. Gordon, Vikki, "Unilaterally Shaping U.S. National Security Policy: The Role of National Security Directives", *Presidential Studies Quarterly*, 2007, Vol.37, No.2.

26. Henehan, Marie T., *Foreign Policy and Congress: An International Relations Perspective*, Ann Arbor: The University of Michigan Press, 2000.

27. Hinckley, Barbara, *Less than Meets the Eye: Foreign Policy Making and the Myth of the Assertive Congress*, Chicago: The University of Chicago Press, 1994.
28. Homan, Patrick and Jeffrey S. Lantis, *The Battle for U.S. Foreign Policy: Congress, Parties, and Factions in the 21st Century*, New York: Palgrave Macmillan, 2020.
29. Hoover, Herbert, *The Memoirs of Herbert Hoover: The Great Depression 1929–1941*, Eastford: Martin Fine Books, 2016.
30. Howell, William G., *Power Without Persuasion: The Politics of Direct Presidential Action*, Princeton: Princeton University Press, 2003.
31. Kaufman, Aaron R., "Measuring the Content of Presidential Policy Making: Applying Text Analysis to Executive Branch Directives", *Presidential Studies Quarterly*, 2020, Vol.50, No.1.
32. Kelley, Christopher S. and Bryan W. Marshall, "The Last Word: Presidential Power and the Role of Signing Statements", *Presidential Studies Quarterly*, 2008, Vol.38, No.2.
33. Kelley, Christopher S., "Contextualizing the

Signing Statement", *Presidential Studies Quarterly*, 2007, Vol.37, No.4.

34. Kelly, Donald R., ed., *Divided Power: The Presidency, Congress and the Formation of American Foreign Policy*, Fayetteville: The University of Arkansas Press, 2005.

35. Kennedy, Joshua B., "'Do This! Do That!' and Nothing Will Happen: Executive Orders and Bureaucratic Responsiveness", *American Politics Research*, 2015, Vol.43, No.1.

36. Klarevas, Louis, "The Constitutionality of Congressional-Executive Agreements", *Presidential Studies Quarterly*, 2003, Vol.33, No.2.

37. Koh, Harold Hongju, *The National Security Constitution: Sharing Power after the Iran-Contra Affair*, New Haven: Yale University Press, 1990.

38. Krause, George A. and David B. Cohen, "Presidential Use of Executive Orders, 1953-1994", *American Politics Quarterly*, 1997, Vol.25.

39. Kreitner, Richard, *Break It Up: Secession, Division, and the Secret History of America's Imperfect Union*, New York: Little, Brown & Company, 2020.

40. Krey, Patrick, "A Presidency Fit for A King", *The New American*, 2009, Vol.25, No.7.
41. Lamb, Charles M. and Jacob R. Neiheisel, eds., *Presidential Leadership and the Trump Presidency: Executive Power and Democratic Government*, Cham: Palgrave Macmillan, 2020.
42. Lindsay, James M., *Congress and the Politics of U.S. Foreign Policy*, Baltimore: The Johns Hopkins University Press, 1994.
43. Lofgren, Michael: *The Deep State: The Fall of the Constitution and the Rise of a Shadow Government*, New York: Penguin Books, 2016.
44. Lowande, Kenneth, "After the Orders: Presidential Memoranda and Unilateral Action", *Presidential Studies Quarterly*, 2014, Vol.44, No.4.
45. Mann, Thomas E., ed., *A Question of Balance: The President, the Congress, and Foreign Policy*, Washington, D.C.: The Brookings Institution, 1990.
46. Margolis, Lawrence, *Executive Agreements and Presidential Power in Foreign Policy*, New York: Praeger, 1986.
47. Mayer, Kenneth R., *With the Stroke of Pen:*

Executive Order and Presidential Power, Princeton: Princeton University Press, 2001.

48. Mayer, Kenneth R., "Executive Orders and Presidential Power", *The Journal of Politics*, 1999, Vol.61, No.2.

49. Moraguez, Ashley, "Policy Making in the Shadow of Executive Action", *Presidential Studies Quarterly*, 2020, Vol.50, No.1.

50. Nelson, Michael, ed., *The Presidency A to Z*, Washington, D.C.: Congressional Quarterly Inc., 1998.

51. Neustadt, Richard E., *Presidential Power: The Politics of Leadership*, New York: Wiley, 1960.

52. Paine, Thomas, *Common Sense*, 1776, Nashville: Sam Torode, 2009.

53. Peterson, Paul E., ed., *The President, the Congress, and the Making of Foreign Policy*, Norman: University of Oklahoma Press, 1994.

54. Pfiffner, James P., "Presidential Signing Statements and Their Implication for Public Administration", *Public Administration Review*, 2009, Vol.69, No.2.

55. Prakash, Saikrishna Bangalore, *The Living*

Presidency: An Originalist Argument against Its Ever Expanding Powers, Belknap Press: An Imprint of Harvard University Press, 2020.

56. Pyle, Christopher H. and Richard M. Pious, *The President, Congress, and the Constitution: Power and Legitimacy in American Politics*, New York: The Free Press, 1984.

57. Ripley, Randall B. and James M. Lindsay, eds., *Congress Resurgent: Foreign and Defense Policy on Capitol Hill*, Ann Arbor: The University of Michigan Press, 1993.

58. Rockman, Bert A., "Reinventing What for Whom? President and Congress in the Making of Foreign Policy", *Presidential Studies Quarterly*, 2000, Vol.30, No.1.

59. Roosevelt, Theodore, *The Autobiography of Theodore Roosevelt*, New York: Charles Seribner's Sons, 1913.

60. Rosner, Jeremy D., *Congress, the Executive Branch, the New Tug-of-War and National Security*, Washington D.C.: A Carnegie Endowment Book, 1995.

61. Rottinghaus, Brandon and Jason Maie, "The

Power of Decree: Presidential Use of Executive Proclamations, 1977 - 2005", *Political Research Quarterly*, 2007, Vol.60, No.2.

62. Rudalevige, Andrew, "Executive Orders and Presidential Unilateralism", *Presidential Studies Quarterly*, 2012, Vol.42, No.1.

63. Rudalevige, Andrew, "The Administrative Presidency and Bureaucratic Control: Implementing a Research Agenda", *Presidential Studies Quarterly*, 2009, Vol.39, No.1.

64. Savage, Charlie, *Takeover: The Return of the Imperial Presidency and the Subversion of American Democracy*, New York: Little, Brown and Company, 2007.

65. Shafritz, Jay M. and Lee S. Weinberg, eds., *Classics in American Government*, California: Wadsworth/Thomson Learning, 2000.

66. Shull, Steven A., *Policy by Other Means: Alternative Adoption by Presidents*, College Station: Texas A & M University Press, 2006.

67. Shull, Steven A., ed., *The Two Presidencies: A Quarter Century Assessment*, Chicago: Nelson-Hall, 1992.

68. Simpson, Christopher, *The Declassified History of U.S. Political and Military Policy*, 1981-1991, Boulder: Westview Press, 1995.
69. Simpson, Christopher, ed., *National Security Directives: The Reagan and Bush Administrations*, Boulder: Westview Press, 1995.
70. Specter, Arlen and Charles Robbins, *Life Among the Cannibals: A Political Career, a Tea Party Uprising, and the End of Governing As We Know It*, New York: St. Martin's Press, 2012.
71. Spitzer, Robert J., *President and Congress: Executive Hegemony at the Crossroads of American Government*, Philadelphia: Temple University Press, 1993.
72. Stricklin, Jessica M., "The Most Dangerous Directive: The Rise of Presidential Memoranda in the Twenty-First Century as a Legislative Shortcut", *Tulane Law Review*, 2013, Vol. 88, No. 2.
73. Taft, William Howard, *Our Chief Magistrate and His Powers*, New York: Columbia University Press, 1918.

74. Towell, Pat, "Senate Swiftly Confirms Perry as Defense Secretary", *Congressional Quarterly Weekly Report*, February 5, 1994.
75. Turner, Ian R., "Policy Durability, Agency Capacity, and Executive Unilateralism", *Presidential Studies Quarterly*, 2020, Vol. 50, No. 1.
76. Warber, Adam L., Yu Ouyang, and Richard W. Waterman, "Landmark Executive Orders: Presidential Leadership Through Unilateral Action", *Presidential Studies Quarterly*, 2018, Vol. 48, No. 1.
77. Warber, Adam L., *Executive Orders and the Modern Presidency: Legislating from the Oval Office*, Boulder: Lynne Rienner Publishers, 2006.
78. Waterman, Richard W., "The Administrative Presidency, Unilateral Power, and the Unitary Executive Theory", *Presidential Studies Quarterly*, 2009, Vol. 39, No. 1.
79. Weissman, Stephen R., *A Culture of Deference: Congress's Failure of Leadership in Foreign Policy*, New York: HarperCollins Publishers Inc., 1995.
80. Wildavsky, Aaron, "The Two Presidencies:

Presidential Power is Greatest When Directing Military and Foreign Policy", *Trans-action*, 4, December 1966.

81. Wilson, Woodrow, *Constitutional Government in the United States*, New York: Columbia University Press, 1961.

82. Woolley, John T. and Gerhard Peters, "Do Presidential Memo Orders Substitute for Executive Orders? New Data ", *Presidential Studies Quarterly*, 2017, Vol.47, No.2.

83. Yoo, John, *The Powers of War and Peace: The Constitution and Foreign Affairs After 9/11*, Chicago: University of Chicago Press, 2005.

图书在版编目(CIP)数据

绕开国会:美国总统的单边行动工具/刘永涛著. —上海:复旦大学出版社,2021.6
("21世纪的美国与世界"丛书)
ISBN 978-7-309-15591-4

Ⅰ.①绕… Ⅱ.①刘… Ⅲ.①政治制度-研究-美国 Ⅳ.①D771.221

中国版本图书馆 CIP 数据核字(2021)第 059599 号

绕开国会:美国总统的单边行动工具
RAOKAI GUOHUI: MEIGUO ZONGTONG DE DANBIAN XINGDONG GONGJU
刘永涛　著
责任编辑/孙程姣

复旦大学出版社有限公司出版发行
上海市国权路579号　邮编:200433
网址:fupnet@fudanpress.com　http://www.fudanpress.com
门市零售:86-21-65102580　团体订购:86-21-65104505
出版部电话:86-21-65642845
常熟市华顺印刷有限公司

开本 890×1240　1/32　印张 6.75　字数 114 千
2021 年 6 月第 1 版第 1 次印刷

ISBN 978-7-309-15591-4/D·1082
定价:45.00 元

如有印装质量问题,请向复旦大学出版社有限公司出版部调换。
版权所有　侵权必究